Daniele Mastrogiacomo

Tage der ANGST

Entführt von den Taliban

Aus dem Italienischen von Judith Elze

Tropen

Tropen
www.klett-cotta.de/tropen
Die Originalausgabe erschien unter dem Titel
»I giorni della paura« im Verlag edizioni e/o, Rom

Printed in Germany
Schutzumschlag: Klett-Cotta Design
Unter Verwendung eines Fotos von © Reuters
Autorenportrait S. 1 von © Edizioni E/O
Gesetzt in den Tropen Studios, Leipzig
Auf säure- und holzfreiem Werkdruckpapier gedruckt
und gebunden von GGP Media GmbH, Pößneck
ISBN 978-3-608-50302-9

Sie nennen mich liebevoll den Auferstandenen. Doch eher habe ich es mehreren glücklichen, nicht miteinander verknüpften Umständen und dem Einsatz einiger Männer und Frauen zu verdanken, dass ich nach Hause zurückgekehrt bin. Ihnen gilt mein besonderer Dank. Ihnen ist auch dieses Buch gewidmet:

Luisella Longo Oribuela
Ezio Mauro
Elisabetta Belloni
Massimo D'Alema
Romano Prodi
Ettori Sequi
Gino Strada
Rahmatullah Hanefi

und den 90 000 Menschen auf der ganzen Welt, die den Appell für die Befreiung von Ajmal und mir unterzeichnet haben.

Inhalt

Vorwort

Tage der Angst erinnert an die Texte von Joseph Conrad. Doch Daniele Mastrogiacomo ist ein Reporter, und dies ist eine Reportage. Es ist eine wahre Begebenheit, keine Erfindung. Wenn er die Peitschenhiebe beschreibt, die ihm die Taliban zufügten, dann fühlen wir die Peitsche auf seiner Haut. Er lässt sie uns auf unserer eigenen Haut spüren, denn wir wissen, dass Schmerz und Erniedrigung nicht der Phantasie entspringen können. Sie sind Wirklichkeit. So wirklich wie das Blut, das aus Sayeds enthauptetem Körper tritt, der in den Fluss gestoßen wird, um vom Strom fortgetragen zu werden und zu verschwinden. Und ebenso wirklich ist das Ende des jungen Tadschiken Ajmal, auch wenn uns Daniele nichts Genaueres darüber berichten kann. Der Dolmetscher und Freund, den Daniele in Sicherheit glaubte, ist nach seiner Befreiung in einen Hinterhalt geraten und ebenfalls ermordet worden. Daniele erfährt es, als er schon in Italien ist und das Ende dieses schrecklichen Abenteuers feiert, das nun zu einer großen Reportage geworden ist.

Das Portrait der Taliban, das er nach und nach, Tag für Tag zeichnet, als er sie während der Fahrten durch die afghanische Wüste oder in den angstvollen Stunden beobachtet, die er – die Hände und Füße in Ketten – in den improvisierten Gefängnissen verbringt, sind von seltener, von sehr seltener Authentizität, wie sie sonst von einem Journalisten kaum erreicht werden kann, der doch meist ein Voyeur bleibt, fern von den Ereignissen und ihren Protagonisten. Danieles Portrait der Taliban ist eines, wie es ein Gefangener zeichnet, eine Geisel, ein Opfer, jemand, der nie den Blick des Reporters verliert, obwohl er all den Ängsten ausgesetzt ist, die die Begegnung mit dem Tod hervorruft. Die unheimlich wirkende Naivität der jungen Taliban, die sich immer in der Schwebe zwischen Mystizismus und Brutalität bewegen, die freundlich lächeln und zugleich grausam sein können wie fanatische Geistliche direkt aus einer Erzählung über das Mittelalter, wird mit einer Einfachheit beschrieben, die keinerlei Spezialeffekte benötigt, um den Leser zu beeindrucken.

Danieles Erzählung hat Conradsche Züge, weil im Hintergrund immer die beiden Toten Sayed und Ajmal stehen. Daniele ist nicht Marlow, der Erzähler, durch den Joseph Conrad spricht. Daniele ist Lord Jim. Ein Lord Jim, der direkt und ohne Mittler spricht und das Schuldgefühl, das er angesichts des Todes seiner beiden Begleiter empfindet, nur sachte durchscheinen lässt. Wie Lord Jim kann auch Daniele nichts angelastet werden. Nicht er hat den Dolmetscher und den Fahrer – Mitarbeiter, für die ein Kriegsberichterstatter nach ungeschriebenem Ehrenkodex die Verantwortung trägt – ihrem Schicksal überlassen. Daniele konnte nichts für sie tun. Aber in seiner Erzählung scheint die moralische Wunde durch, die er mit sich trägt und die dieses Buch in keiner Weise zu unterschlagen versucht. Um es mit den Worten Conrads zu sagen, die er im Juni 1917 über seinen Lord Jim schrieb: Er ist »einer von uns«.

Bernardo Valli, Juni 2009

Zwei Jahre davor

Agha Srawiz hat heute keine Zeit zum Brotbacken. Er macht den Ofen aus und schickt seine jungen Helfer, die um die offene Feuerstelle am Boden sitzen, nach Hause. Es ist Mittwoch, der 1. Juni 2005. Er verlässt den Laden und schaut im Gehen starr vor sich hin, bis er die große Moschee im Zentrum von Kandahar erreicht hat. Die afghanische Stadt liegt 80 Kilometer von der pakistanischen Grenze entfernt. Es ist 9 Uhr 30. In der Moschee findet gerade eine Gedenkfeier für Mullah Abdul Fayaz, den Chef des islamischen Rates der Provinz, statt.

In der letzten Zeit hatte Abdul Fayaz in seinen Predigten die Stimme gegen die Taliban erhoben, die immer aktiver werden in der Stadt, und er hatte gegen Mullah Mohammed Omar gewettert, den großen geistlichen Führer und unangefochtenen politischen Anführer der Koranschüler, der in dieser Gegend geboren und aufgewachsen ist. Sie haben Fayaz drei Tage nach der letzten Ansprache mit einer Autobombe getötet. Jetzt sind alle hier versammelt, um seiner zu gedenken, auch die höchsten Ränge der nationalen Polizei, darunter der Polizeikommandant aus Kabul, Akram Khakrizwal. Zwar hat er Drohungen erhalten, aber das ist er bereits gewöhnt, und er ist ein harter Knochen. Er möchte dabei sein: Die staatlichen Institutionen, die aus den ersten demokratischen Wahlen hervorgegangen sind, müssen Präsenz zeigen.

Der Chef ist dort in der ersten Reihe, vor seinem Teppich. Er betet.

Der Bäcker bleibt in einer Ecke stehen, mitten in der Menge von Gläubigen, die im Innern der Moschee keinen Platz mehr gefunden haben. Er wartet das Ende der Zeremonie ab. Die ersten Führungskräfte, Funktionäre und einfachen Polizisten strömen heraus. Der Mann nähert sich dem Eingang mit dem Teppich aus verstreuten Schuhen. Ein Komplize zeigt ihm ein Paar schwarze Mokassins: Sie gehören dem Polizeichef. Er nimmt sie und bahnt sich einen Weg durch die Menge, bis er neben dem Kommandanten steht. Dort kniet er nieder, küsst ihm die Hand zum Zeichen der Ehrerbietung und streift ihm die Schuhe über die Füße. Er zieht an dem Stahlring, der den Zünder aktiviert, der Sprengstoffgürtel, den er unter der Jacke trägt, explodiert. Das Attentat richtet ein Blutbad unter den Funktionären an, der Körper des Polzeikommandanten wird pulverisiert. Es ist eine Aufsehen erregende Aktion, eine echte Provokation, die das ganze Land erschüttert, vor allem aber die Regierung von Hamid Karsai, dem ersten demokratisch gewählten Präsidenten Afghanistans, schwächt.

Nach vier Tagen, die durch Dutzende von Attentaten in vielen Städten des Südens gekennzeichnet sind, bekennt sich eine Gruppe von Taliban zum Abschuss eines amerikanischen Jagdbombers im Bezirk von Khost, ebenfalls im Süden, jedoch am anderen Ende des Landes gelegen. Einer afghanischen Presseagentur wird eine DVD zugeschickt, auf der man sieht, wie eine Flugabwehrrakete einen Militärjet der amerikanischen Luftwaffe trifft.

Die Nachricht wird geheim gehalten, aber Kollegen aus Kabul rufen mich an und berichten mir davon. Sie schicken mir auch ein kurzes Video, das ich von einem IT-Experten analysieren lasse: Es ist nicht retuschiert, bestätigt er, es handelt sich um authentisches Material. Ich denke sofort an Ajmal Naqshbandi, meinen Freund und Dolmetscher. Ich habe ihn seit einem Jahr nicht gesehen, nur ab und zu E-Mails erhalten, in denen er mir von seinem Leben und seiner Arbeit als Journalist erzählt. Er ist Freiberufler, was in einem Land wie Afghanistan nicht einfach ist. Es gibt zwar viele Nachrichten, aber da sie immer gleich wirken, interessieren sie die internationale Presse kaum.

Ich beschließe Ajmal anzurufen. Die Serie von Attentaten ist ein wichtiges Signal. Nachdem sie bereits als besiegt galten, scheinen die Taliban auf die politische Bühne zurückgekehrt zu sein. Sie agieren mit Hinterhalten, Schießereien und jetzt auch mit Autobomben. Ich will wissen, ob diese Signale eine wirkliche Veränderung anzeigen, ob es sich um die alten Mullahs handelt, die während des Einmarschs der internationalen Truppen in Afghanistan besiegt worden waren, oder um neue, bei den Taliban hochgekommene Kräfte. Wenige sprechen darüber, nur ganz wenige schaffen es, zuverlässige Informationen zu sammeln. Die Koranschüler leben im Verborgenen, sie bleiben geheimnisumwittert. Wenn ich weiter über Afghanistan berichten will, muss ich versuchen zu verstehen, wie mächtig sie sind, wie viel Territorium sie erobert haben, wie groß ihr Gewicht im Süden des Landes ist, wer sie bezahlt, ausbildet und unterstützt. Ich möchte sie kennen lernen, wie unser Beruf es verlangt. Um die Wirklichkeit mit den Versionen aus den Amtsblättern des Kommandos der ISAF und der internationalen Koalition unter Führung der NATO zu vergleichen und von einem Krieg zu erzählen, der für die Welt weitab zu liegen scheint. Als handelte es sich lediglich um eine schwache, nahezu unvermeidliche Gegenwehr der Taliban, die den Erwartungen entspricht und kein Anlass zur Sorge ist.

Am Kamikaze-Bäcker zeigt sich, dass die Wirklichkeit anders ist, als die Regierung Karsai glauben lassen möchte. Etwas Gewaltiges geht vor in dem Land, das ich fünf Jahre zuvor kennen gelernt habe: Zum ersten Mal in der Geschichte Afghanistans haben Selbstmordattentäter die Bühne betreten, absolute Fremdkörper in der Kultur eines Volkes, das aus Kämpfern besteht, die sich jahrhundertelang nie von einem fremden Heer haben beugen lassen. Ich denke an die Rückkehr der arabischen Afghanen, legendären, ein wenig farblosen Gestalten, die von den lokalen Mudschaheddin misstrauisch und nur aus der Ferne beäugt wurden. Sie waren während des Angriffs der Taliban Ende 1994, auf dem Höhepunkt des Bürgerkriegs zwischen Ahmed Schah Massud, Gulbuddin Hekmatyar und Abdul Raschid Dostum, den drei großen Führern der afghanischen Kämpfer, mit den internationalen Brigaden der Dschihadisten scharenweise ins Land gekommen.

Ajmal Naqshbandi habe ich im November 2001 kennengelernt. Als junger Tadschike aus bürgerlicher Familie fühlte er sich den Kämpfern der Nordallianz von Massud, dem »Löwen des Panschir« verbunden, der am Vorabend der Terroranschläge vom 11. September hinterrücks ermordet worden war. Mein 23 Jahre alter Kontaktmann hatte zu Zeiten der Taliban die Härte der Scharia am eigenen Leib zu spüren bekommen. Mehrfach war er in Kabul verhaftet worden, weil er auf der Straße mit zu kurzem Bart und zu langen Haaren erwischt worden war. Doch das hatte er mit einem Lachen abgetan.

Er lacht auch jetzt, als ich ihn frage, ob er seinen Spitzbart noch trägt, und andeute, dass ich mich gern mit Koranschülern treffen würde. Ajmal ist begeistert. Nachdem er mir mit seiner sanften Stimme die üblichen Fragen nach meinem Leben, der Familie und dem Befinden gestellt hat, sagt er, er könne es kaum erwarten, mich zu sehen. »Ich freue mich auf dich, wie immer«, antwortet er, als ich ihm von meiner Absicht erzähle, wieder nach Kabul zu kommen. Und als wolle er meine Entscheidung noch bestärken, fügt er hinzu: »Inzwischen habe ich Kontakte, die dich interessieren könnten. Die Verdienste anderer will ich gar nicht schmälern, aber ich kann von mir behaupten, heute in Afghanistan der Einzige zu sein, der bei den Taliban wirklich etwas erreichen kann. Ich telefoniere oft mit ihnen und bin in ihre Gebiete vorgedrungen wie kein anderer.«

Ich war seit 2005 nicht mehr in Afghanistan und hatte von Anfang an ein zwiespältiges Verhältnis zu diesem Land. Es fasziniert mich, mit seinen majestätischen, fast immer verschneiten Gebirgszügen, den schlechten Straßen, den unendlich weiten Tälern, den Berggipfeln, die den Himmel zu berühren scheinen. Aber es flößt mir auch Unbehagen, beinahe schon Angst ein und macht mich befangen: ein Gefängnis unter offenem Himmel, in dem man sich aufgrund der zehn Millionen Minen, verteilt auf alle 34 Provinzen, nicht frei bewegen kann. Ein ganzes Land, übersät vom Tod.

Zur Saat haben viele beigetragen: Mudschaheddin, Kriminelle, Warlords, Sowjets von der Roten Armee, westliche Streitkräfte. Diejenigen, die versucht haben, diesen Sprengstoffhagel zu entsorgen, haben es immer mit einem Gefühl der Resignation getan. Mehr als ein Sprengmeister hat mir anvertraut, dass viele Minenlagekarten verloren gegangen sind und dass es für die Antipersonenminen überhaupt keine aktuellen Karten gibt.

In Kabul bin ich seit der Entführung von Clementina Cantoni, der jungen Volontärin von *Care International*, nicht mehr gewesen. Wer dort beruflich zu tun hatte, bestätigt mir, dass sich die Lage seit Mai 2005 verändert hat. »Afghanistan ist in vieler Hinsicht gefährlicher als der Irak«, sagt man mir.

Im Januar 2007 rufe ich Ajmal wieder an, erkläre ihm, dass ich nicht sofort nach Afghanistan kommen kann, dass die Reise aber nur verschoben ist. Dieses Land gehört inzwischen zu meinem Leben, ich habe so viele Kontakte geschlossen und Dutzende von Büchern gelesen, alte Ausgaben, die ich an Bücherständen entdeckt habe. Meinem tadschikischen Übersetzer gegenüber bekräftige ich den Plan, mit einem militärischen Kommandanten der Taliban ein Interview zu vereinbaren.

»Sie werden daran interessiert sein«, bin ich überzeugt. »Schließlich wagen es nur wenige, das zu veröffentlichen, was die Koranschüler denken. Um zu erfahren, wer und wie viele sie sind, was für Pläne sie haben, muss man aufzeichnen, was sie sagen. Ich kann mir ihre Positionen zwar vorstellen, doch sie sind zu weit von unserer Art zu denken entfernt, als dass wir sie verstehen könnten. Aber so ein Interview kann zu einem Verständnis beitragen. Und ich, wir, auch du, wir alle müssen versuchen sie zu verstehen.«

Der afghanische Journalist schickt mir innerhalb einer Woche ein Interview mit Doktor Ibrahim Hanifi, einem ehemaligen Sprecher der Taliban, der eine Zeitlang mit Abdul Hai Mutmahin in Verbindung gestanden hat, dem früheren Informations- und Kulturminister des Mullah-Regimes und wohl immer noch Verantwortlichen für die Beziehungen der Taliban zu den Medien. Hanifi ist am 17. Januar 2007 in Pakistan festgenommen worden und sitzt dort jetzt eine Haftstrafe ab. Die Taliban haben über ihn ein Todesurteil verhängt, auch weil er *La Repubblica* ein Interview gegeben hat, in dem er die Militärstruktur der Taliban und die neu entwickelten Strategien im Detail beschreibt. Ihn und seine Enthüllungen hatte ich ganz vergessen.

Die Zeitung veröffentlicht dieses zweite Interview. Bei unserem nächsten Telefongespräch erzählt mir Ajmal begeistert, dass sich das in den Taliban-Kreisen herumgesprochen hat und er davon profitiert. Sie haben ihn mehrfach kontaktiert, benutzen ihn als bevorzugten Kanal. Dank dieses Vertrauens, das er sich hier erobert hat, hat er Zugang zu kostbaren Quellen. Er nutzt diese auch während der Geiselnahme von Gabriele Torsello, dem freiberuflichen Fotografen, der zwischen Laschkargah und Kandahar im Südwesten Afghanistans von einer Gruppe Krimineller entführt wurde.

Ich habe den Fall nicht verfolgt. Da ich kein Visum habe, bin ich in Rom geblieben. Dann schickt die Zeitung mich nach Somalia, wo das äthiopische Heer der Föderalen Übergangsregierung die islamischen Gerichte zerschlagen hat. Ajmal ist ein wenig enttäuscht. Er braucht Arbeit. Ab und zu ruft er an und berichtet über die Entführung: Sie sei das Werk lokaler Verbrecher und habe keinen politischen Hintergrund. Im Gegenteil fühlten sich die Taliban durch diese das Interesse der internationalen Öffentlichkeit erregende Aktion in einem Gebiet, das sie für sich reklamieren, beleidigt und hätten angeboten, sich für die Befreiung des italienischen Fotoreporters einzusetzen.

Ajmal weiß, dass er meine Bitte erfüllen kann, er hat das Terrain bereits sondiert. Eine Woche vor unserer Entführung wird er, wie sich später herausstellt, mit einem Kollegen der englischen Redaktion von Al-Dschasira vor Ort sein. Außerdem wird er mit einem Reporter des Londoner Senders Channel 4 Kontakt zu Mullah Dadullah aufnehmen, einem aufstrebenden Führer des militärischen Flügels der Taliban, Mitglied der Obersten Schura, des zehnköpfigen politischen Exekutivorgans der von Mullah Mohammed Omar geführten Bewegung. Das Interview mit Mullah Dadullah wird Furore machen. Dann fährt Ajmal mit einem französischen Kollegen und ein weiteres Mal mit drei anderen afghanischen Journalisten in die Provinz Helmand. Er betrachtet sich als einen

Experten in Bezug auf die Taliban. Den größten Coup wird er gemeinsam mit dem Korrespondenten von Channel 4 landen: »Wir haben 3000 Selbstmordattentäter, die über das ganze Land verteilt und bereit sind, sich in die Luft zu jagen«, kündigt Dadullah darin an, der als Kommandant ebenso rebellisch gegenüber der eigenen Führung ist, wie er grausam ist im Umgang mit seinen Opfern. Und bezogen auf die Legende, die seit Jahren in Afghanistan im Umlauf ist, verrät er: »Bin Laden ist noch am Leben. Wir sehen ihn nicht, aber wir stehen mit ihm in Kontakt. Er ist bereit einzugreifen und arbeitet gemeinsam mit uns an der neuen Strategie. Er begleitet und berät uns.«

Die gesamte Weltpresse, darunter auch *La Repubblica*, bringt die Nachricht am nächsten Tag. Ich selbst schreibe einen kurzen Beitrag für die Auslandsseiten. Die Taliban werden während unserer Geiselnahme oft auf dieses Interview zurückkommen: Sie halten es – unter all den Interviews, die sie gegeben haben, die aber nie veröffentlicht wurden – für das einzige, das das Denken des militärischen Kommandanten der Provinz Helmand getreu wiedergibt.

2007 – Rückkehr nach Afghanistan

Eine Reise nach Afghanistan ist keine Reise, es ist ein Abenteuer. Du musst dich physisch und mental vorbereiten, musst sorgfältig planen, was du einpackst, welche Kleider, welche Gegenstände, Bücher, Dokumentation, wie viel Geld du mitnimmst. Du musst an das Wetter denken, schon im Voraus einschätzen, was du tun, wohin du fahren wirst. Eine Reise, auf die ich mich jedes Mal auch psychisch einstimmen muss. Dazu kommt, dass Afghanistan für mich ein unergründliches Land ist und bleibt. Ich verstehe es einfach nicht, vermag nicht in seinen Geist einzudringen, es nicht in der Tiefe zu erfassen. Es bleibt mir fremd, ich habe kein Gefühl dafür. Irgendetwas fehlt: zwischen mir als Mann und Journalist und diesem weiten, geheimnisvollen, harten, feindseligen, von Kriegen, Rachezügen, Elend, Tod und Verzweiflung zerrissenen Land. Es löst nicht die Vertrautheit in mir aus, nach der wir alle suchen, wenn wir in ein Land zurückkehren.

Ich weiß, dass ich so bald wie möglich los muss. Der 26. Februar ist ein Montag. Ich stehe früh auf und trete in der Botschaft in der Via Nomentana mit der Bitte um ein Visum an. Den Beamten der Kanzlei beknie ich geradezu, mir das Visum sofort auszuhändigen, aber all meine Versuche erweisen sich als zwecklos: Ich muss die vorgeschriebenen fünf Tage warten.

Trotzdem sagt man mir, ich solle am nächsten Tag wiederkommen.

Ich bin besorgt, der Beitrag lässt sich nicht mehr verschieben. Noch dazu hat mich an diesem Morgen eine wichtige Nachricht geweckt, die ausgerechnet aus Afghanistan kommt. Ein mit Sprengstoff gefülltes Auto ist gegen den Haupteingang der Militärbasis von Bagram, 50 Kilometer nördlich von Kabul, gefahren und hat unter der afghanischen Zivilbevölkerung, die auf dem Weg zur Arbeit war, ein Blutbad angerichtet. Es ist nicht das übliche, verheerende Attentat. Es kennzeichnet eine neue Phase des Kampfes, den Höhepunkt einer Offensive, die die Taliban offiziell für den Frühlingsbeginn angekündigt haben, für den Augenblick, wo auf den Gipfeln der Bergketten der Schnee taut und die Pässe befahrbar werden. Die Autobombe galt dem Vizepräsidenten der USA Dick Cheney, der am Abend zuvor zu einem höchst geheim gehaltenen Besuch in Afghanistan eingetroffen war. Er kam aus Islamabad, aus Pakistan, wo er sich mit Pervez Musharraf getroffen hatte. Eine angespannte Begegnung, bei der Bushs Stellvertreter dem pakistanischen Premier nahegelegt hatte, wirksame Maßnahmen gegen die Taliban zu ergreifen, die sich in den Stammesterritorien an der Grenze zu Afghanistan frei bewegten. Cheney hatte sich des typischen nordamerikanischen Pragmatismus bedient und damit gedroht, andernfalls den Geldhahn zuzudrehen und die 80 Millionen Dollar zu blockieren, die die Regierung in Washington alljährlich ihrem treuesten Alliierten in dieser Gegend zahlt.

Die Beziehungen zwischen den USA und Pakistan waren schon immer sehr wechselhaft, reichten von Drohungen bis Schmeicheleien, von Respekterweisungen bis zu spektakulären Zerwürfnissen. Dieses Treffen jedoch lässt Musharraf keine Wahl: Er muss vor Ort Ergebnisse erzielen, also seine Truppen an der Grenze aufstellen und die Taliban verfolgen.

Der pakistanische Präsident reagiert und erzielt das von den USA schon lange erwartete Ergebnis. Und zwar durch eine Blitzaktion in einem Hotel in Quetta, das im äußersten Nordwesten des Landes gelegen ist. Dabei wird Mullah Obaidullah Akhund, Verteidigungsminister während des Taliban-Regimes, festgenommen. Die Sache wird geheim gehalten, entgeht aber dem Geheimdienst der Bewegung der Koranschüler natürlich nicht, einem Netz, dessen Effizienz und Fähigkeit, sich in den offiziellen afghanischen Geheimdienst einzuschleusen, ich dann später, während unserer Gefangenschaft, ausgiebig werde kennen lernen können.

Die Reaktion – ein regelrechter Racheakt – folgt innerhalb von 24 Stunden mit dieser Autobombe. Niemand wusste von Cheneys Besuch in Kabul. Und niemand wusste, dass ihn ein Schneesturm gezwungen hatte, im letzten Moment ein Treffen mit dem afghanischen Präsidenten Hamid Karsai abzusagen und in dem Stützpunkt von Bagram zu bleiben, der seit 2001 in der Hand der amerikanischen Streitkräfte ist.

Der amerikanische Vizepräsident blieb unversehrt. Er schlief in sicherer Deckung, während sich draußen das Massaker ereignete. Dieses Attentat machte meinen Aufbruch nach Afghanistan dringend, jemand musste vor Ort berichten aus einem Land, in dem die Lage entgegen den Prognosen der Experten explodierte. Meine Entführer sollten mich später mehrfach nach Vizepräsident Cheney fragen. Sie wussten nicht, ob er überlebt hatte, und argwöhnten, dass die internationalen Medien – im Dienst der westlichen Propaganda – wie üblich Fehlinformationen ausgaben.

Ich steckte drei Stunden in der afghanischen Botschaft fest, befallen von der mir vertrauten Angst, mit heißgelaufenem Handy, der Zeitungsredaktion im Nacken, die wissen wollte, ob ich es noch rechtzeitig zum Flughafen schaffen würde, aber ohne die zu Hause fertig gepackt stehenden Koffer und die letzten, noch zu regelnden Details. Die Zeit fraß unerbittlich die Minuten.

Ich weiß nicht, ob es mein Schicksal war, das sich mit diesen Zeichen bereits ankündigte. Jedenfalls nahm ich sie wahr und verspürte ein Unbehagen. Sie kamen mir vor wie Hindernisse, die sich einem manchmal kurz vor der Heimfahrt in den Weg stellen, an Tagen, an denen man sich am liebsten nur zu Hause verkriechen und seine Ruhe haben würde. Ich betrachtete diese Hindernisse jedoch nicht als etwas, das mir das Schicksal oder eine sonstige höhere Instanz in Form von dunklen Vorahnungen schickte. Es war schließlich nur eine von vielen Reisen, wie sie mir mein Beruf ermöglichte. Ich fuhr an einen Ort, den ich gut kannte und wo ich mich auf mir vertrautem Territorium bewegen würde.

Ich muss ewig warten, bis der Botschaftsmitarbeiter den Visumstempel in meinen Pass setzt, den er mir mit zerstreuter Miene reicht. Während ich regelrecht zum Flughafen von Fiumicino fliege, schaue ich unablässig auf die Uhr. Der Taxifahrer ist sehr wendig, er lässt mich rechtzeitig vor dem Terminal heraus, wo mich die Mitarbeiter der Fluggesellschaft Emirates für das Check-in erwarten. Die negativen Vorzeichen oder schicksalhaften Hindernisse scheinen überwunden, und alles nimmt seinen natürlichen Lauf. Ich schlafe lang und tief während des Fluges nach Dubai und danach in dem kleinen Hotel, das mich für die paar Stunden Wartezeit bis zum Anschlussflug nach Afghanistan beherbergt. Alles läuft bestens, und ich lande pünktlich auf dem internationalen Flughafen von Kabul.

Draußen erwartet mich mein Dolmetscher Ajmal. Er sieht zufrieden aus. Aber ich sehe gleich, dass er sich verändert hat, sein Blick wirkt erwachsener, das rundliche Gesicht ist von ein paar Falten gezeichnet, die es härter machen. Er ist schweigsam, in Gedanken versunken. Mir gegenüber hat er sich nie zu Vertraulichkeiten hinreißen lassen, er ist ein zurückhaltender, verschwiegener Mensch. Aber diesmal wirkt er noch verschlossener auf mich als sonst. Er scheint vieles zu verbergen. Seine Familie beklagt sich oft: Nicht einmal dort erzählt er, was er tut, wohin er geht, mit wem er umgeht. Es ist schon immer seine Lebensphilosophie gewesen, so wenig wie möglich zu sagen. Damit schützt er sich und die Menschen, die ihm nahe stehen.

Er hat jetzt ein paar Kilo zu viel, fasst sich an die »Speckröllchen« an den Hüften und seufzt: »Ich muss abnehmen, die Ehe tut zwar der Seele gut, aber nicht dem Körper.« Er hat endlich geheiratet. Ein gerade mal 17 Jahre altes Mädchen. Er kannte sie seit drei Jahren und fuhr alle zwei Wochen, immer freitags morgens, in die Provinz Logar südlich von Kabul, um sie zu besuchen. Ich habe sie nie gesehen, er hat mir nie ihren Namen gesagt. Ich weiß nur, dass sie die Tochter eines namhaften Chirurgen aus der Gegend ist und aus einer wohlhabenden, mächtigen Familie kommt, die mein Freund beharrlich erobern musste, um schließlich die Zustimmung für eine Verbindung zu erhalten, die selbst heute noch zwischen den Patriarchen der jeweiligen Familien beschlossen wird.

Ajmal erzählt, dass sein großer Bruder Lehmar beschlossen hat, Afghanistan zu verlassen. Mit ihm hatte er das im Zentrum von Kabul gelegene Everest Guest House betrieben, das mich monatelang beherbergt hat und nun an die Eigentümer aus Teheran zurückgegeben worden ist. Die Drohungen, die sie von den Taliban erhalten haben, erwähnt er nicht. Davon wird Lehmar mir erst nach meiner Freilassung erzählen. Ajmal sagt nur, dass sie ihre Pläne nicht verwirklichen konnten. Zuerst ein kleines Hotel, dann ein Restaurant, auch der Traum, eine Tankstelle mit Selbstwaschanlage zu führen, ist in der Schublade geblieben. Lehmar hat der Ausreise, dem politischen Asyl den Vorzug gegeben. Er hat es in Belgien beantragt und bewilligt bekommen. Dort lebt er jetzt unter großen Anpassungsschwierigkeiten und noch ohne Arbeit. Ich frage nach ihm, habe ihn als heiteren Menschen in Erinnerung.

Ajmal schneidet mir das Wort ab, will von sich reden, sagt mir, dass er nicht glücklich ist, dass er die Verantwortung für die Familie, die nicht nur aus den Eltern, sondern auch noch aus zwei Schwestern und vier Brüdern besteht, hat übernehmen müssen und jetzt die ganze finanzielle und psychologische Last für sie trägt. Er hat immer noch eine besondere Beziehung zu seiner Mutter, die er förmlich anbetet, und zu seiner kleinen Schwester, einem zehnjährigen Mädchen, das er innig liebt. Wenn er von ihr spricht, weiten sich seine Augen und strahlen vor Stolz. »Sie ist mein Ein und Alles«, bestätigt er. Dann erklärt er mir besorgt: »Ich bin für alle zuständig. Für die Kleine mit ihrer Schule, ihren Freunden, ihren Launen. Für Lehmar, der in Belgien lebt und dem ich alle meine Ersparnisse geben musste. Für noch einen meiner Brüder, Muneer, der sich noch nicht allein finanzieren kann und fest entschlossen ist, Informatiktechniker zu werden. Und für meine Mutter, die mich ständig um Geld bittet.«

Ajmal schüttelt schweigend den Kopf. Ich schaue ihn an, gönne ihm diese Pause. Dann spricht er, den Blick starr nach vorn gerichtet, weiter. Jetzt fährt er einen alten Wagen, einen Toyota Corolla. »Da siehst du's«, sagt er drängend. »Ich musste meinen Jeep vermieten, habe tausend Arbeiten auf einmal und fast keine Zeit mehr für den Journalismus. Jedes Mal, wenn ich meine Eltern besuche, warten sie schon ungeduldig, weil ich der Einzige bin, der Geld herbeischafft. Wenn ich sage, dass ich keines habe, schmollt meine Mutter, verschließt sich und fängt an zu weinen. Das ist Erpressung, ich hasse es, finde es verkehrt und ungerecht, wenn sie so ist. Auch meine Frau sagt das immer. Aber ich kann es nicht ändern. Mein Vater arbeitet als Techniker bei *Ariana Afghan Airlines*, aber den Lohn steckt er sich in die eigene Tasche und rückt nichts davon heraus. Er hat sich während der harten Jahre im Bürgerkrieg für uns aufgeopfert und es uns nie an etwas mangeln lassen. Wir hatten zweimal die Woche Fleisch, jeden Tag frisches Brot. Jetzt gibt er mir zu verstehen, dass wir Söhne dran sind. Aber das ganze Gewicht, die eigentliche Verantwortung für die Familie lastet auf meinen Schultern.«

Ich höre mir seinen Wortschwall an. Ajmal muss sich aussprechen, muss seine Sorgen loswerden. Kaum herrscht Schweigen im Wagen, sehe ich mich um. Kabul scheint mir verändert, moderner, geordneter. Es hat sich in frenetische Aktivität gestürzt, hier werden Geschäfte gemacht, die die Stadt zunehmend vereinnahmen und verwandeln. Überall moderne Gebäude, Hochhäuser, Kaufhäuser aus Glas und Beton. Und dann das große, milliardenschwer von Prinz Aga Khan erbaute Hotel Serena mitten im Zentrum von Kabul, nur wenige Schritte von der blauen Moschee entfernt. Ajmal und ich fahren zuerst zum Büro der Ariana Airlines. Ich will gleich die Karten für Kandahar kaufen und die Flugzeiten prüfen. Wir stellen fest, dass es einen pro Woche gibt – immer nur Samstags. Wir reservieren zwei Plätze, in den nächsten Tagen werden wir genug Zeit haben, die Tickets zu kaufen.

Als wir wieder auf die Straße kommen, hat es geregnet, und überall ist es schlammig. Meine Schuhe sind nicht mehr wiederzuerkennen. Die von Ajmal, schwarze Mokassins mit dicker Sohle, wie sie die Afghanen gern tragen, haben durchgehalten. Wir steuern das Hotel an, in dem die Zeitung für mich ein Zimmer gebucht hat. Mein Dolmetscher ist jetzt gut gelaunt. Sein Gesicht umrahmt ein dünner schwarzer Bart, der in einem Spitzbart endet. Jetzt streicht er mit der Hand darüber und schaut mich ganz unschuldig an, erinnert mich so an die Abmachung, die wir das letzte Mal getroffen haben. Auch diesmal werden wir uns Bärte wachsen lassen. Das dient vor allem mir – mit meiner Haar-, Augen- und Hautfarbe – dazu, das offensichtlich westliche Aussehen zu kaschieren. »Du wirst dich nie ändern«, fügt Ajmal ironisch hinzu und schlägt mir auf die Schulter, »du siehst einfach aus wie ein Ami.«

Das begeistert mich nicht gerade. Gleich als Amerikaner, Engländer oder Holländer oder jedenfalls als Ausländer, der zu den Streitkräften der Koalition gehört, ausgemacht zu werden, weckt zu viel Misstrauen. Die Afghanen respektieren uns zwar, aber aus ihren Blicken spricht eine gut nachvollziehbare Feindseligkeit: Sie fühlen sich besetzt. Zwar beschützt von den Soldaten, die unablässig durch das Zentrum und die Vorstadtbezirke patrouillieren, aber auch bedrückt von einer Anwesenheit, die sie nur schwer aushalten können. Das habe ich – von Irak bis Somalia – in allen Ländern feststellen können, in denen ausländische Truppen präsent sind.

Ich nehme mein Zimmer in Besitz, öffne das Fenster und werde sofort von einem dichten, beißenden, bläulichen Rauch angefallen, der direkt aus den Auspuffrohren die Luft verschmutzt und als Haube über der Stadt hängt. Kabul leidet unter diesem Sprung in die Moderne. Es heißt die vom reichen, im Überfluss lebenden Westen angebotenen Vorzüge willkommen, improvisiert aber selber nur und kann nicht Schritt halten, lässt sich die meiste Zeit nur überrollen. Die Stadt hält sich an den Riten, Gebräuchen und Befindlichkeiten einer Tradition fest, die nach und nach verschwindet.

Der Verkehr ist ein Problem für die Umwelt, ein echter Ausnahmezustand. Genau wie die Öfen, die die Afghanen trotz der Verbote weiterhin hartnäckig mit Heizöl füttern. Westen und Osten, verbunden durch eine Hassliebe. Unterschiedliche Kulturen, die nur notdürftig miteinander auskommen und doch von einander abhängig sind.

Während wir über die dicht an dicht liegenden Straßenlöcher holpern, stelle ich Ajmal wieder die Frage, die mich schon vor fünf Jahren beschäftigte: Warum haben die Regierung Karsai und die Streitkräfte der Koalition die Jalalabad Road immer noch nicht asphaltiert? Sie ist eine große Kommunikationsader, die Kabul mit der pakistanischen Stadt Peshawar verbindet und auf der Tausende von Fernlastzügen und Hunderte von ausländischen Militärfahrzeugen verkehren. Doch sie ist immer noch in schlechtem Zustand, dem Verfall preisgegeben, beschädigt von den Reifen der LKW und den Raupenketten der Panzerwagen, die den Boden aufreißen und Gräben furchen, in denen sich dann Wasser und Schlamm sammeln.

Ajmal kann meine Frage nicht beantworten. Er lächelt, weil ich ihm die Frage jedes Mal stelle, wenn wir uns sehen. Denn ich bin überzeugt, dass man durch so einfache, aber wichtige Maßnahmen ein Vertrauensverhältnis zu der Bevölkerung herstellen könnte, die die Anwesenheit ausländischen Militärs auf ihrem Grund und Boden nie ertragen hat.

Ich lasse mich im Hotel absetzen, und wir verabreden uns für den frühen Nachmittag. Ajmal muss ein paar Dinge erledigen, die letzten Vereinbarungen für unsere Reise nach Kandahar und Laschkargah treffen, die Zeiten und Bedingungen für das Interview festlegen, das für Sonntag vereinbart ist. Es ist schon Mittwoch, uns bleiben nur noch drei Tage. Die Flugreservierung muss bestätigt und das einzige sichere Hotel in Kandahar angerufen werden, in dem wir eine Nacht bleiben werden. Ich kontaktiere unsere Botschaft, frage nach Ettore Sequi, einem Diplomaten, dessen große Erfahrung ich über die Jahre schätzen gelernt habe. Ich treffe ihn nicht an, melde meine Ankunft in Afghanistan, hinterlasse meine Handynummer. Ich bin ganz ruhig, habe keine Angst. Ajmal erlebe ich als heiter und sorglos und zuversichtlich hinsichtlich der Schritte, die er unternommen hat und unternehmen wird.

Ich lese, gönne mir diesen Moment Pause, der mich entspannt, gefangen nimmt und ablenkt, stürze mich mit meiner Fantasie in ferne Welten. Ich lese ohne Unterbrechung. Bücher über Afghanistan, über Zentralasien. Die von Ahmed Rashid, dem pakistanischen Journalisten, der mich in die Welt der Koranschüler eingeführt hat, habe ich alle dabei. Ich lese noch einmal das Buch, das er während der Offensive der Taliban über diese geschrieben hat. Dann *The Great Game* von Peter Hopkirk über den ewigen Kampf zwischen Engländern und Russen um die Kontrolle über ein Land, das nichts zu bieten hat, und die letzten literarischen Anstrengungen von Philip Roth. Und schließlich eine alte, zerfledderte Ausgabe der *Pest*, die mich als Talisman auf allen meinen Reisen begleitet. Albert Camus ist der einzige Schriftsteller, bei dem mir der Geruch der Milieus, die er beschreibt, in die Nase steigt.

Ajmal ist schon in der Empfangshalle des Serena. Er lässt sich bei mir melden, ich sage ihm, dass er zu mir ins Zimmer kommen soll. Aus dem Fenster höre und sehe ich nur den Stadtverkehr. Von den Straßen steigt ein Staub auf, der alles einhüllt. Ihr Asphalt hat sich längst in Nichts aufgelöst, der Erdboden wird bei kleinstem Regen zu Schlamm, rechts und links der Straßen laufen Gräben entlang, in die die Abflüsse der Häuser münden. Schwaden von Kanalisationsgeruch dringen auch in mein Zimmer und bringen mich dazu, überall – selbst an der Öffnung der Klimatisierungsanlage – Deo zu versprühen.

Das Serena ist ein prunkvolles Hotel in orientalischem Stil, mit großen Räumen, die fast immer für Kongresse, Sitzungen verschiedenster Art oder Gipfeltreffen zwischen Vertretern der regulären afghanischen Armee und Streitkräften der Isaf und Nato gebucht sind. Es gibt zwei Restaurants: die klassische Brasserie mit einem warmen, im Kreis aufgestellten Buffet, geeignet für ein schnelles Mahl und den großen Brunch am Freitag Vormittag, der in muslimischen Ländern Feiertag ist; und das japanische Restaurant, das ein paar Mal in der Woche sogar Sushi anbietet, seltenes Gericht in einem Land, das zwischen Bergen eingeschlossen ist und keinen Zugang zum Meer hat. Das Hotel gilt als Bunker, und die Betonmauern, die es umgeben, erwecken genau diesen Anschein für das bunte Volk, das um sie herum und im Basar im Zentrum lagert. Es sind Händler, Kunsthandwerker, Bettler, Krüppel und sonstige durch die Antipersonenminen Versehrte.

Ajmal und ich nehmen einen Tee in einem kleinen Saal, der sich im hinteren Teil des Hotels befindet. Wir besprechen die Details unserer Reise in den tiefen, von den Taliban beherrschten Süden. Er sagt mir, dass alles vorbereitet und das Interview vereinbart ist. Am Abend erreiche ich ihn über Handy in seinem neuen Haus, das er mit seiner jungen Frau bewohnt, und möchte noch wissen, zu welcher Gruppierung der Kommandant gehört, den wir interviewen sollen, und wie er heißt.

Ajmal bleibt vage. Ich verstehe nicht, ob er seine Quellen schützen will oder die letzten Details erst noch festlegen muss. Ich vertraue ihm, so wie ich ihm in den letzten fünf Jahren vertraut habe, in denen unsere Arbeit immer gelaufen ist wie geschmiert, ohne die leiseste Abweichung, Überraschung oder irgendwelche Missgeschicke. Wir verabreden uns für den nächsten Tag, um die Tickets zu kaufen, der italienischen Basis des Camp Invicta, das dreißig Kilometer südlich von Kabul liegt, einen kurzen Besuch abzustatten und schließlich auf dem Markt einen Schalwar Kameez zu kaufen, das traditionelle Gewand, das aus weiten Hosen und einem langen, an den Hüften mit Schlitz versehenen Hemd besteht.

Ich tue das nicht, um mich zu verkleiden, sondern um die hiesigen Bräuche zu respektieren. Es ist eine Frage des Anstands, einen Schalwar zu tragen, wenn man bei jemandem zu Gast ist. Ajmal hat mich selbst darum gebeten. Das Teil, das ich ausgesucht habe, ist elektrisch blau, passend zu dem Tuch, das man über die Schulter oder wie einen Turban um den Kopf gewickelt trägt.

Am Samstag, dem 3. März, stehen wir früh auf. Das kleine zweimotorige Flugzeug, das von Kabul nach Kandahar fliegt, startet um elf, aber man sollte schon zwei Stunden vorher am internationalen Terminal sein. Ajmals kleiner Bruder Aimal begleitet uns, er hat dasselbe breite Gesicht wie Ajmal und dessen großer Bruder Lehmar, die einzigen Familienmitglieder, die ich kenne. Sie sind sich so ähnlich, als stammten sie aus der Schablone, sie wirken fast geklont. Ich überlasse Ajmal den Koffer mit den Kleidern, ich selber ziehe nur den Trolley mit der technischen Ausstattung: dem Satellitennetz, der Antenne BGAM, die aussieht wie ein Buch, sich auch so aufschlagen lässt und eine Breitbandverbindung mit dem Internet ermöglicht, dem Laptop, der kleinen Videokamera, die mir die Kollegen von Repubblica TV anvertraut haben. Die Reportage über die Taliban ist eine große Gelegenheit. Die Aufnahmen, mit denen ich in Kabul begonnen habe, können als unveröffentlichtes Material zur Verwendung in Beiträgen über Afghanistan dienen.

Über Nacht hat es geschneit, und am Morgen fallen die Schneeflocken noch dichter. Langsam befürchte ich, dass der Flug gestrichen wird. Das passiert in Kabul häufig und besonders im Winter, wenn es auch schon mal fünf Tage am Stück schneit. Wir suchen in der kleinen Bar vor dem Flughafen Schutz: einem großen, mit Blechdach gedeckten Raum, in dem die Reisenden, um sich zu wärmen, dicht an dicht stehen und auf ihre jeweiligen Flüge warten, ihren Tee schlürfen und Rührei, Fleischbällchen und Tomaten essen.

Wir warten drei Stunden. Um zwölf Uhr mittags kommt, während es weiterhin schneit, der Beamte, der sonst am Haupteingang steht, zur Bar herein und verkündet, dass der Flug nach Kandahar gestrichen wurde. Wir kehren ins Hotel zurück. Ich bin entmutigt, sehe weitere Schwierigkeiten und neue Hindernisse voraus. Ajmal macht mir Mut, das Flugzeug werde am nächsten Tag fliegen, es handele sich nur um eine Vertagung. Ich mache mir Sorgen wegen der Verabredung, befürchte, das Interview könnte platzen. »Die Taliban warten sicher nicht, bis es aufhört zu schneien«, bemerke ich. »Vielleicht müssen wir drauf verzichten.« Mein Dolmetscher antwortet nicht, schaut nur verdrießlich drein.

Ich bitte ihn, am Nachmittag wiederzukommen, und ziehe mich in mein Zimmer zurück. Ajmal kommt wie immer pünktlich, wir trinken Tee, sprechen über seine letzten Zeitungsberichte, er erzählt mir von einer Reise in die Provinz Kunar im Ostteil des Landes. »Dort unten haben sich die Männer von Al-Qaida, die berüchtigten arabischen Afghanen verschanzt«, sagt er, »Sie haben sich in einer Gegend versteckt, von deren Existenz nicht einmal ich etwas wusste. Sie ist nicht nur aus strategischer Sicht, sondern schon allein wegen der natürlichen Gegebenheiten ganz außergewöhnlich: ein undurchdringlicher Wald bedeckt die Hänge eines Gebirges, in das du nur mit einem achtstündigen Marsch gelangst, eine anspruchsvolle Wanderung, für die du richtig trainiert sein musst. Ich habe es mit Mühe geschafft, mein Begleiter musste abbrechen.« Ich frage ihn, um wen es sich handelt, woraufhin er mir den Namen nennt, den er in den letzten Monaten schon oft am Telefon erwähnt hatte: »Claudio Franco, der freiberufliche Journalist, mit dem ich mich angefreundet habe. Er ist Italiener, wohnt aber in London. Mit ihm bin ich nach Kunar gefahren«, erklärt er mir stolz und mit leuchtenden Augen. »Sie haben sogar auf uns geschossen. Mit einer Rakete. Zum Glück hat sie einen Felsvorsprung getroffen, als wir gerade um eine Kurve gingen.«

Ich erschrecke, verstehe diese Überreaktion der Mudschaheddin nicht. Die Sache beunruhigt mich. Aber Ajmal erklärt mir lächelnd, dass sich Afghanistan in einem schleichenden Bürgerkrieg befindet, der nie aufgehört hat. Dass die Aufständischen – er nennt sie so – so misstrauisch gewesen seien, war in seinen Augen ein Missverständnis. Er habe seinen Freund nach Kabul begleiten lassen, erzählt er, sei aber selbst in der Gegend geblieben. »Ich bin sieben Tage lang zu Fuß herumgezogen, und am Ende konnte ich noch einmal Kontakt zu ihnen aufnehmen und ihnen erklären, wer ich bin und was ich wollte. Sie haben sich entschuldigt und einem Treffen zugestimmt. Für sie herrscht Krieg, da ist es normal, dass sie instinktiv handeln.«

Natürlich hat er keinen Terroristen von Al-Qaida gesehen.

»Die verschanzen sich mitten im Wald«, erklärt er. »Dort haben sie ihr Schulungslager. Ich habe auf halben Weg einen Emissär getroffen, in einer Berghütte, in der ich auf die Nacht gewartet habe. Nur nachts konnte ich mich bewegen.«

Seine Erzählungen faszinieren mich, machen mir aber zugleich Angst. Ich gelange zu der Überzeugung, dass Ajmals Kontakte wirklich gut sind, aber die Unberechenbarkeit der

Aufständischen macht mich misstrauisch. Ich bin ratlos, sage ihm das, und wir diskutieren darüber. Mir wird klar, dass die Lage in Afghanistan sehr viel stärker außer Kontrolle ist, als ich mir das vorgestellt hatte. Mein Dolmetscher hört mir zu, denkt laut nach, zählt alle Details der Reise auf, sagt mir die Namen der Quellen und der Sprachrohre, die er für das Interview kontaktiert hat.

Er scheint sich auszukennen in der Gegend, in die wir fahren, und in den Kräfteverhältnissen zwischen den verschiedenen Gruppierungen der Taliban. Sein Erfahrungsschatz macht mir Mut. Die Begegnung mit dem Militärkommandanten der Taliban hat er sehr gut vorbereitet. Jetzt sagt er mir auch den Namen: Es ist Mullah Dadullah, ein aufstrebender Anführer, der militärisch für die Provinz Helmand verantwortlich ist. Wir verabschieden uns und verabreden uns für den nächsten Tag.

Im Morgengrauen wache ich auf. Ich gehe zum Frühstück hinunter und sehe aus den Fenstern der Empfangshalle, dass es immer noch schneit. Wütend schüttele ich den Kopf, weil nun der Flug nach Kandahar bestimmt wieder gestrichen wird. Ich rufe Ajmal an und hole ihn aus dem Schlaf. Er sagt, dass er eine schlimme Nacht hinter sich hat: Seine Frau ist beim Duschen ausgerutscht und hat sich im Gesicht und am Kopf verletzt. Er musste sie sofort ins Krankenhaus bringen, wo man die Wunden genäht hat. Jetzt ist er besorgt, möchte aber die Reise nicht absagen. Der Flug ist bestätigt, sagt er, er hat den Zuständigen auf dem Kontrollturm persönlich angerufen.

Ich gehe wieder hoch ins Zimmer und ziehe zum ersten Mal mein traditionelles Gewand an. Es passt genau, ich fühle mich sehr wohl darin. In der Empfangshalle wollen ein paar italienische Kollegen von mir wissen, wohin ich unterwegs bin. Ich antworte vage, deute an, dass es nach Süden geht.

Sie geben keinen Kommentar ab, aber ihr Dolmetscher versucht, Details aus Ajmal herauszuholen. Später erzählt er mir nicht ohne Stolz, dass er allem Druck widerstanden hat. Die Konkurrenz zu schlagen, gehört zu unserem Beruf.

Wir steigen in Muneers Auto und fahren wieder den gleichen Weg wie gestern. Jetzt schneit es nicht mehr so heftig, der Himmel lichtet sich, in der Ferne sehe ich die Sonne durch die Wolkendecke scheinen. Es geht los. Zuerst nach Kandahar, dann nach Laschkargah. Ich habe eine Telefonverabredung mit Giovanni Porzio, dem Kollegen von *Panorama*, mit dem ich oft gemeinsam auf heiklen Einsätzen war, der letzte betraf Somalia. Er sagt, dass er nachkommen will, er ist noch in Herat, bereitet aber schon seine Abreise vor.

Das kleine zweimotorige Flugzeug hebt um Punkt 11 Uhr 30 von der Rollbahn ab. Es ist Sonntag, der 4. März. Zwei Stunden Flugzeit, alle Plätze sind besetzt. Eine kurze Zwischenlandung in Kandahar, dann geht es weiter nach Sarandj in der Provinz Nimros, die im äußersten Südwesten von Afghanistan liegt. Wir fliegen in das Land von Mullah Omar, dem obersten Anführer, »Amir ul-Momineen«, dem Befehlshaber der Gläubigen, direkt an die Front des Krieges zwischen den Taliban und den Streitkräften der Koalition.

Die Reise

Ich habe überall gelesen, dass Kandahar die Stadt der Orangenhaine ist. Hektar um Hektar Orangenhaine, über eine dürre, trockene Ebene verstreut und von einem Bewässerungssystem befeuchtet, auf das die Afghanen stolz waren. Die Wirklichkeit sieht völlig anders aus. Die Taliban waren es, die diese Kulturen zerstörten, das hat der pakistanische Schriftsteller und Journalist Ahmed Rashid in seinem Buch »Taliban – Afghanistans Gotteskrieger und der Dschihad« anschaulich beschrieben. Aus Wut, Nachlässigkeit, zur Strafe gegen die Bauern, die sich der Scharia widersetzten. So haben sich die Taliban auch damals, während ihres unaufhaltsamen Vormarsches in Afghanistan, in der Umgebung von Kabul verhalten, wo es einmal ein großes Weinanbaugebiet gegeben hat.

Das Einzige, was von den Orangenhainen übrig ist, sind ein paar vertrocknete Sträucher. Es ist warm im Vergleich zu Kabul, wo es trotz des bevorstehenden Frühlings noch sehr kalt war. Das Licht blendet, kräftige Farben wie gelb und orange dominieren. Es ist stickig, zwar gibt es weniger Staub und Schadstoffe in der Luft, aber alles scheint völlig unbewegt, wie in der Schwebe. Der Flugplatz steht unter der Kontrolle der amerikanischen Soldaten.

Das Gebäude ist intakt, fast neu und ganz frisch gestrichen in Hellblau und Weiß – den afghanischen Nationalfarben. Der Schriftzug »Internationaler Flughafen Kandahar« verleiht ihm einen respektablen Titel. Ich versuche mir große Jumbojets vorzustellen, wie sie auf dieser einzigen Rollbahn landen, die nur von Wüstensand umgeben ist, und noch ganz von der langen Reise betäubte Passagiere entladen. Aber das ist reine Fantasie: Es gibt nur einen Flug pro Woche, der oft noch nicht einmal hier zwischenlandet. Wir müssen zu Fuß eine Straße voller Schlaglöcher und Steine überqueren, um zu Sayed Agha, unserem Fahrer, zu kommen, der uns mit seinem brandneuen weißen Toyota Corolla jenseits der Umfassungsmauer erwartet.

Ich kenne Sayed nicht: Ajmal stellt ihn mir als einen Freund vor. Er gilt als der beste Fahrer von ganz Helmand, als echter Profi. Er stammt aus einem Dorf in der Nähe von Laschkargah und gehört, wie ich später herausfinde, zu einer der mächtigsten Familien der Gegend, einer jener Sippen, die etwas zählen, dreihundert Leute mit sehr engen Familienbanden. Eine gute Voraussetzung, wenn man sich in diesem Land bewegen will, in dem eiserne Gesetze gelten, auch wenn sie nie niedergeschrieben wurden. Außerdem ist er ein Paschtun, was von Vorteil ist in einer Gegend, die auch von dieser nationalen ethnischen Mehrheit beherrscht ist.

Sayed ist groß, kräftig, hat kastanienbraunes Haar und eine hellere Haut als mein Dolmetscher. Sein Gesicht ist rund, offen und von einem spärlichen, schwarzen Bart umrahmt, die haselnussbraunen Augen, die er bei unseren seltenen, vor allem aus Gestikulieren bestehenden Gesprächen meistens weit aufreißt, leuchten (er spricht kein Englisch, ich kann kein Paschtu). Er scheint mir ein anständiger Kerl und höchstens ein bisschen naiv zu sein. Sein Körper riecht gut, er wäscht sich offenbar häufig, wie die Mehrheit der Afghanen, die haben studieren können. Er ist so gepflegt, dass er fast eitel wirkt mit seinen geschnittenen Fingernägeln, dem traditionellen weißen Gewand und den geschlossenen braunen Schuhen an den Füßen. Sayed ist 28, schon Vater von vier Kindern, das fünfte ist unterwegs. Ajmal ist ein wenig neidisch, auch er hätte gern Kinder, hat aber beschlossen, noch zu warten, bis er sich wirtschaftlich erholt hat, nachdem er das belgische Exil des großen Bruders hat finanzieren und die Ausgaben für die eigene, prunkvolle Hochzeit selbst hat tragen müssen. Sayed legt viel Wert auf die Form, er fühlt sich für das verantwortlich, was wir tun, und dafür, dass wir bei unserer Mission erfolgreich sind. Er bewegt sich ruckweise, ein wenig nervös, schafft es aber dennoch, Ruhe zu vermitteln.

Ich lasse mich auf dem Rücksitz nieder, schlage mir das Tuch um den Kopf und befolge die Anweisungen meiner beiden Begleiter: »Sag keinen Ton, auch dann nicht, wenn die Polizei dich bei Polizeisperren anspricht. Wir dürfen kein Aufsehen erregen.« Ajmal und Sayed unterhalten sich rege, sie lachen viel, sind zufrieden und leicht aufgedreht wegen dieses neuen Auftrags, der ihnen neue Ehre und einen neuen Zugang zu den Taliban verspricht. Manchmal bitte ich um Erläuterungen oder versuche selber, ein Gespräch mit ihnen zu beginnen. Ajmal übersetzt mir fast alles mit großer Geduld.

Eine halbe Stunde später sind wir schon in Kandahar. Die Zufahrtswege werden von der afghanischen Polizei und dem Militär kontrolliert. Durch Polizeisperren mit Betonklötzen und Sandsäcken, hinter denen Soldaten liegen, die schweren Maschinengewehre im Anschlag. Die Soldaten wirken nervös, man sieht, dass sie ständig auf der Hut sind und neue Angriffe oder Anschläge fürchten. Die Stadt ist, anders als die umliegenden Gebiete, fest in der Hand der Regierung von Hamid

Karsai. Wir fahren durch die Straßen im Stadtzentrum, der Verkehr ist spärlich, es gibt viele Kleinbusse, die als Sammeltaxis fungieren, und einen Haufen von Motorrikschas. Die Nähe Pakistans ist zu spüren: Quetta, das jenseits der Grenze als Hauptstützpunkt der Taliban gilt, liegt weniger als 80 Kilometer Luftlinie entfernt. Wir zwängen uns auf einen von hohen Mauern und Eisengittern geschützten Parkplatz, der zum Hotel Continental gehört, dem einzigen sicheren Hotel der Stadt, nur wenige Schritte vom Sitz des Gouverneurs entfernt. Es hat ein Dutzend Zimmer, einen Gemeinschaftssaal, in dem gegessen wird, zwei Bäder für alle, an der Rezeption steht der Besitzer Amanullah persönlich.

Es gibt auch einen Internetanschluss. Ajmal und Sayed ziehen sich in ihr Zimmer zurück und sprechen den ganzen Nachmittag miteinander. Ich gehe ins Netz, sehe die Nachrichten durch und entdecke, dass es in Jalalabad im äußersten Osten des Landes, etwa 600 Kilometer Luftlinie östlich von Kandahar, ein Attentat gegeben hat. Ich lese auch, dass es zu einer Schießerei gekommen ist, die zu einem Blutbad führte. Die amerikanischen Soldaten werden verdächtigt, wütend und wahllos reagiert zu haben: Nach der Explosion, bei der ein einziger Soldat verletzt worden war, hatte sich eine Menge Neugieriger gebildet. Vielleicht haben sie Steine geworfen, vielleicht haben ein paar ihre Gewehre gezogen. In solchen Fällen kann alles Mögliche passieren, ein Funke reicht, und schon geht die Hölle los. Irgendetwas muss vorgefallen sein, die US-amerikanische Regierung vermeidet eine offizielle Stellungnahme, lässt sich Zeit, kann die Dynamik der Ereignisse nicht rekonstruieren, die neue Kontroversen und Proteste auch unter den afghanischen Polizisten entfacht. Ich rufe die Zeitung an, teile mit, dass ich mich in Kandahar befinde, und biete an, etwas über dieses Blutbad zu schreiben. Auch im Hotel wird darüber gesprochen. Jemand macht mich in gebrochenem Englisch darauf aufmerksam, dass immer einfache Bürger die Opfer seien. Ich höre zu, nicke, vermeide jeden Kommentar. Radio Capital, der Sender unserer Verlagsgruppe, ruft mich an. Ich stelle eine Schaltung her und beschreibe, was ich in Kandahar gesehen habe: die Menschen, den Ort, die Atmosphäre.

Dann rufe ich meine Frau Luisella an. Wie immer mindestens zweimal täglich. Sie ist beunruhigt, aber ich will nicht, dass sie sich Sorgen macht. Sie hat mich nie daran gehindert zu reisen, hat mich immer unterstützt, selbst wenn es ihr das Herz zusammenschnürte. Ich schreibe den Text für die Zeitung und schlafe danach, überwältigt von Müdigkeit und Anspannung, sofort ein. Nach einer Stunde wache ich auf. Ich habe Angst, ganz irrational und instinktiv. Meine Kinder, Michele und Alice, fallen mir ein. Wenn ich in Rom bin, hören wir nur selten von einander, jetzt aber will ich sie anrufen, ihre Stimmen hören, wissen, was sie gerade machen. Während des Telefongesprächs achte ich darauf, dass sie von der Angst, die in mir aufsteigt, nichts mitbekommen.

Ich will mich ablenken, die Furcht besänftigen, die mich ohne triftigen Grund überfallen hat. Ich gehe zu meinen beiden Mitarbeitern hinüber, die gerade – eingewickelt in ihre Decken und vor sich die x-te Tasse gelben Tee, dazu Bonbons zum Süßen – freundschaftlich miteinander plaudern. Ihre Gelassenheit steckt mich an, beruhigt mich. »Wollen wir einen Rundgang durch die Stadt machen?«, schlägt Ajmal vor. Das könnte interessant sein. Es ist schon dunkel, aber die beiden behaupten, gerade jetzt seien die Menschen auf den Straßen unterwegs, es sei ganz ungefährlich. Ich fühle mich nicht danach, am nächsten Tag müssen wir sehr früh los, lieber will ich mich ausruhen und dann ins Bett gehen. Wir essen Huhn mit Reis und trinken Tee. Bier, Wein und Liköre sind von der Speisekarte verbannt. Man findet sie nur in wenigen Bars in Kabul, und sie sind weiterhin als Symbole westlicher Dekadenz verboten.

Montag, der 5. März, ist der große Tag, der Tag des Interviews. Wir müssen sechzig Kilometer Wegstrecke bis Laschkargah fahren. Eine Straße in bestem Zustand, genau wie die, auf denen wir in und um Kandahar gefahren sind. Ein Detail, das mich beeindruckt: Hier im tiefsten Süden, der von den Taliban besetzt ist, hat sich der afghanische Staat eingesetzt, hat die Städte und Bezirke mit Infrastruktur ausgestattet. Auf dem Boden liegt nicht ein Stück Papier oder Plastik, alles ist sauber und ordentlich, ganz im Gegensatz zu Kabul, wo Chaos herrscht. Ajmal sagt mir, das sei das Verdienst des neuen Gouverneurs, der letzte wurde beim Verlassen seines Büros von einer Autobombe getötet.

Wir stehen früh auf. Im Hotel herrscht ein großes Kommen und Gehen, alle sind schon auf den Beinen. Ich beobachte die anderen Gäste, wie sie ein schnelles Frühstück einnehmen, und versuche herauszufinden, ob sie verstanden haben, wer wir sind. Immer befürchte ich, dass uns irgendwelche Männer des afghanischen Geheimdienstes auf der Spur sein könnten. Ich stecke in einer Zwangslage, muss mich vor der offiziellen Obrigkeit verstecken und mich zugleich wappnen für die Begegnung mit ihren Feinden, den Taliban. Beide Seiten sind wendig und wachsam, und ich stehe auf dem Grat dazwischen, der sich ständig verlagert.

Zeit, um auf die Toilette zu gehen oder gar eine Zigarette zu rauchen, bleibt nicht, wir müssen sofort los. Sayed hat schon seinen Corolla geholt und wartet mit offenen Autotüren und laufendem Motor auf uns. Während ich die Hotelrechnung bezahle, deutet Hamid, der Kellner, einen Gruß an. Unsere Blicke kreuzen sich, er lächelt mich an. Ich bedecke mir den Kopf mit dem Tuch, versuche, es mir so zu umwickeln, wie es die Afghanen tun, aber ich bin zu ungeschickt, brauche mehrere Versuche, bis es nicht mehr ganz so plump aussieht. Ajmal und Sayed beobachten mich durch den Rückspiegel dabei. Sie grinsen, sind amüsiert über meine Kleidung. In Wahrheit schätzen sie sie, und sie wissen, dass sie von denen geschätzt werden wird, mit denen wir verabredet sind. Der Fahrer ist heute gesprächiger. Ich versuche herauszubekommen, wie viel Zeit für das Interview vorgesehen ist und wo es stattfinden soll, aber auch er weiß das nicht. Wir werden es erst vor Ort herausfinden, wahrscheinlich werden wir uns in einem Haus treffen, unter freiem Himmel ist es zu gefährlich.

Wir fahren auf einer Straße, die voll ist mit Kleinbussen, von Eseln gezogenen Wagen, neuen Autos und echten Schrottkarren. Viermal werden wir von ebenso vielen Straßensperren der afghanischen Polizei gestoppt, aber sie schauen nur kurz zu uns hinein und prüfen, wer wir sind. Ich rühre mich nicht, das um den Kopf geschlagene Tuch fällt mir bis auf die Schulter herab. Nur meine Augen sind zu sehen. Bei der letzten Straßensperre werden wir angehalten. Der Polizist schaut mich an, sagt etwas auf Paschtu zu mir. Ajmal und Sayed antworten, ich sei ein Ausländer. Sie fügen nichts weiter hinzu. Bevor er uns fahren lässt, fragt uns der Polizist, ob wir zwei Polizisten mitnehmen können. Ich weiß nicht, was Sayed darauf antwortet, aber er weist die Bitte zurück, gibt wahrscheinlich zu verstehen, dass wir es eilig haben und nicht in dieselbe Richtung unterwegs sind.

Nach etwa 50 Kilometern biegen wir links in eine breite, gut asphaltierte Straße ein. Der Fahrer drückt aufs Gaspedal, sieht mich durch den Rückspiegel an und erklärt in seinem spärlichen Englisch, dass es hier gestern Nacht einen Überfall gegeben hat: Ein Talibankommando hat sich der Polizeisperre bemächtigt. Ajmal fügt hinzu: »Das passiert oft. Die

Polizei ist nur tagsüber präsent. Sobald es dunkel wird, bricht sie ihre Zelte ab und zieht sich in die Stadt zurück.« Die Lage ist unsicher, sagt der Dolmetscher außerdem: Von dreizehn Bezirken befinden sich zehn in den Händen der Taliban. Die berühmte »Frühjahrsoffensive« soll von hier starten. Das Spiel ist bereits im Gange. Die Dschihadisten meinen es ernst, sie wollen auch noch die letzten drei Bezirke erobern. Sie überfallen, schießen, töten. Hier ziehen sie den offenen Kampf vor. Die Kamikaze bleiben dem Zentrum und Norden des Landes vorbehalten, sie sollen die Panik schüren und die Zentralregierung unter Druck setzen und terrorisieren. Der Fahrer drückt jetzt das Gaspedal durch, die Straße sei gefährlich, Banditen könnten uns anhalten und berauben. Es ist mitten am Tag, aber Fallen können überall sein, es gibt keine Bäume, keine Mauern, keinen Schutz. Neben dem Asphaltstreifen beginnt eine Wüste aus Steinen und Sand.

Ich fühle mich schwach und ungeschützt, ein willkommenes Opfer für jeden Kriminellen, jeden Kämpfer, jeden Terroristen. Ich frage, wie ich mich verhalten soll, rutsche auf dem Rücksitz hin und her, finde keine gute Sitzposition, Knochen und Muskeln tun mir weh. Ganz besonders die im Gesicht, das zu einer Fratze verzogen ist, die ein schüchternes Lächeln sein will. Wenn ich nervös bin, mache ich das immer so: Ich versuche, den Sturm, der in mir tobt, zu verbergen.

Endlich erreichen wir Laschkargah, wo ich mich in Sicherheit fühle und wieder normal atmen kann. Sayed weiß, wohin. Er biegt in eine kleine Seitenstraße ein, dann in weitere kleine Sträßchen, fährt einen großen Bogen und hält schließlich unmittelbar vor einem braunen Gittertor. Er hupt ein paar Mal. Ein etwa Achtzehnjähriger öffnet uns das Tor. Wir fahren hindurch, steigen aus und werden von einem Mann um die Dreißig empfangen. Ajmal stellt ihn mir vor: Es ist der Verantwortliche der afghanischen NGO, die uns für ein paar Stunden aufnimmt, bis Sayed seine Kontaktperson getroffen hat, um die Details für das Interview zu vereinbaren. Mir ist es lieber, dass er das allein tut. Alles soll hindernisfrei ablaufen. Schließlich treffen wir uns mit Taliban, die nervös werden könnten; dasselbe gilt für die Polizei, die nichts mitbekommen darf. Es gibt zwei Straßensperren mit Polizisten, beim Betreten und beim Verlassen der Stadt. Im übrigen ist Laschkargah voll von Taliban, zwar nicht Soldaten oder Kämpfern, aber Männern, die solidarisch sind, die sich als Paschtunen fühlen, als echte, in der Tradition verwurzelte Paschtunen. Ajmal kann sie nicht ertragen. »Sie sind verrückt«, sagt er ständig, »sie wollen, dass unser Land im Mittelalter bleibt. Sie sind weltfremd«, wiederholt er beharrlich mit einer Wut, die er kaum bezähmen kann, »sie sind zu weit weg von Afghanistan. Sie wissen nichts und kennen nichts, sie sind ungebildet. Für uns sind Erziehung, Wissen und Kultur Mittel zum Leben und für den Fortschritt. Sie wollen uns in einen riesigen Käfig sperren und uns vom Rest der Menschheit isolieren.«

Ich sehe immer mehr dunkle, schwarze, weiße, grau-schwarze Turbane. Das ist ihr Symbol. So war es in der Vergangenheit, und so ist es auch heute. Aber Waffen sehe ich keine, auch wenn sie wahrscheinlich in Reichweite versteckt sind. Während der zwei Stunden Aufenthalt im Sitz der NGO gehe ich im Raum des Verantwortlichen ein und aus, das sein Büro, aber auch eine Art Wohnzimmer ist. Wir trinken Tee und essen Bonbons dazu. Eine Frau taucht auf, die erste, die ich seit Tagen sehe, sie holt aus einem Schrank abgepackte Süßigkeiten, legt sie auf ein Tablett und bietet sie uns an. Mein Magen hat sich zusammengezogen, ich rauche lieber. Das tue ich draußen, um niemanden zu stören mit einem Laster, das ich mir einfach nicht abgewöhnen mag. In dem Garten, der den Hof umgibt, kümmert sich gerade ein Mann um den Rasen. Er schaut mich schweigend an. Die Frau kommt heraus und bedeutet mir hereinzukommen, da die anderen nach mir fragen. Ajmal und der afghanische Volontär möchten, dass ich drinnen bleibe: Wir sollten lieber kein Aufsehen erregen. Meine Anwesenheit könnte zu viel Aufmerksamkeit auf sich ziehen und Misstrauen wecken.

Später vertraut mir Ajmal an: Sogar der Verantwortliche der NGO, ein Afghane aus Laschkargah, vermeide es, sein Büro zu verlassen. Er mache alles per E-Mail, habe Mitarbeiter in der Umgebung, Leute aus verschiedenen, in den Bezirken verteilten Dörfern. Von diesen lasse er sich auf dem Laufenden halten über die Entwicklung der verschiedenen Projekte, die alle vom Gesundheitsministerium getragen werden: Brunnen, Wasserfilterung, Bewässerungssysteme, die Umstellung des Pflanzenanbaus, Kampagnen gegen Cholera und Tuberkulose. So erfahre ich Vieles erst später: Details, die nebensächlich wirken und doch für einen präziseren Überblick über die Lage von grundlegender Bedeutung sind. Details, die Ajmal vor mir verbarg, weil er die Informationen, die er aus seinen Quellen bezog, grundsätzlich nicht weitergab. An niemanden.

Sayed kommt wieder, sagt, dass alles bereit ist, sie erwarten uns. Ich versuche zum x-ten Mal, einen Freund anzurufen, der im Notfallkrankenhaus, dem einzigen in Laschkargah, arbeitet. Sein Handy ist ausgeschaltet. Ich bin sicher, dass er in der Stadt ist, kann ihn aber nicht erreichen. Ich wäre gern bei ihm vorbeigefahren: Er hätte mir geholfen, die Lage zu sondieren. Vielleicht hätte er mich auch vor dem Interview gewarnt. Stattdessen ruft der Kollege Giovanni Porzio von *Panorama* an, teilt mir mit, dass er morgen mit einem UNO-Flug von Kabul eintrifft, und fügt hinzu: »Ich habe mit Gino Strada gesprochen, er ist noch in Karthum, im Sudan. Er hat mir nur gesagt: Pass auf, die Stadt wimmelt von Taliban.«

Den Trolley mit dem technischen Material, meinem treuen Messer, dem Kompass, den ich beim Segeln verwende, und der Taschenlampe lasse ich im Sitz der NGO. Ich nehme nur die Kamera, den Computer und einen roten Notizblock mit. In der Jackentasche meiner grünen Militärjacke, die ich über dem Schalwar trage, habe ich drei Kugelschreiber.

Wir biegen in die Hauptstraße. Es herrscht dichter Verkehr, in der Nähe einer Brücke geraten wir in eine Straßensperre. Sayed und Ajmal bitten mich beide, den Presseausweis herauszuholen, falls uns die Polizei anhalten sollte. Er soll auch bei denen zu unserer Identifizierung dienen, die uns für das Interview erwarten. Ich schaue nach rechts, wo sich weite Schlafmohnfelder hinziehen. Sie grenzen hier, mitten in der Stadt, direkt an den Asphalt. Jetzt blühen sie gerade, in zwei Wochen wird die Ernte beginnen, ein Ritual, das ich später, unter Anleitung der Taliban, gut auszuführen lerne. Mit den entsprechenden Bewegungen, zu den richtigen Zeiten und an den passenden Orten. Um die Straßensperre kommen wir herum, der Polizist ist abgelenkt, da er gerade ein anderes Auto kontrolliert. Hundert Meter weiter biegen wir an einer Kreuzung links ab.

Bei einer Tankstelle steht ein Junge und wartet auf uns. Er ist die Kontaktperson des Fahrers und wird uns, wenn ich das richtig verstanden habe, zu den Taliban bringen. Er trägt die für die Afghanen typische Stoffdecke aus einem hellen Grün und ist so in sie eingewickelt, dass man nur seine ebenfalls hellgrünen Augen sieht, die sich vorsichtig meinem Sitz zuwenden. Sein Profil ist klar, er hat eine feine, lange Nase. Ich grüße ihn, aber er antwortet nicht. Jetzt schaut er gerade vor sich hin und zeigt Sayed den Weg. Wir sind sehr angespannt, aber auch voller Erwartung. Keiner spricht, die Kommunikation findet über Gesten, einsilbige Mitteilungen oder Kehllaute statt, die alles und nichts bedeuten.

Wir fahren einen breiten Sand- und Kiesweg entlang, der sich in den Feldern verliert und von Dutzenden von Reifenspuren zerfurcht ist, die sich über die Jahre durch Tausende von Fahrzeugen gebildet haben, fahren Erhebungen hinauf und herunter wie in einem leichten Tanz. Wir nehmen weitere Nebenstraßen und überqueren Bewässerungskanäle, deren Wasser teilweise bis zu den Autotüren reicht. Ein paar Mal bleiben wir beinahe stecken. Aber dann endet die Straße ganz plötzlich, vor uns liegen nur noch Felder. Sayed sieht verloren aus. Er weiß nicht mehr, wohin, will Informationen von seiner Kontaktperson. Der Junge weicht aus, gibt keine klare Auskunft. Mit einem komplizierten Rangiermanöver kehren wir um. Oben auf einer Anhöhe sind drei schwarze, im Kreis aufgestellte Motorräder zu sehen. Ich frage, ob sie das sind, keiner antwortet mir. Die Spannung ist schier unerträglich. Ich bereite mich innerlich vor: Jetzt werden sie uns zum Haus des Militärkommandanten bringen.

Die Taliban gruppieren sich um uns herum. Es sind viele, mindestens zehn, ein Auto, ebenfalls ein Toyota Corolla, ist noch hinzu gekommen. Alle tragen Waffen, alte und neue Kalaschnikows. Ich schaue ängstlich den auf uns gerichteten Gewehrläufen entgegen, bleibe aber im Auto sitzen, das Tuch verdeckt mir das Gesicht. Ich warte. Befehle und Anweisungen ertönen. Ajmal hat man schon gepackt und aus dem Auto gezerrt; nun ist Sayed dran. Seine Kontaktperson ist verschwunden. Ich sehe den Jungen nicht mehr und werde ihn nie wiedersehen. Der Dolmetscher und der Fahrer reden, erklären, schreien sogar, wenn auch mit erstickten Stimmen.

Die Taliban packen sie an den Händen und Armen und binden sie ihnen hinter dem Rücken mit dem Stoff der Turbane zusammen. Alle reden durcheinander. Ich verstehe überhaupt nichts, habe keine Ahnung, was da geschieht. Sie packen auch mich, ziehen mich zwar etwas vorsichtiger, aber ebenso entschieden aus dem Auto und sehen mich aus harten Augen an. Sie scheinen mich zu fragen, was ich will, was ich auf ihrem Territorium suche. Ich habe den Eindruck, dass sie mich für einen Spion halten, die Blicke sind misstrauisch, verraten eine Mischung aus Hass und Überraschung.

Ich halte still, als sie mir die Hände hinter dem Rücken fesseln. Dann gebe ich mich als Journalist zu erkennen. Ich wiederhole: »Wir sind Journalisten.« Ich erwähne das Interview und den Kommandanten, sage, dass ich Italiener bin. Aber vor allem Journalist. Ich bin überzeugt, dass es sich um einen Irrtum handelt, der vielleicht mit einem Zwischenfall zu tun hat. Was weiß ich, ein Schusswechsel am Morgen, mit Toten und Verletzten in ihren Reihen, und jetzt lassen sie ihren Zorn an uns aus. Bestimmt handelt es sich um einen Irrtum, der schnell geklärt sein wird. Ich bleibe ruhig, wehre mich nur gegen die Binde, die sie mir über den Augen festziehen. Ich wusste zwar, dass ich klaustrophobisch bin, nicht aber, dass es so schlimm ist. Auch im Dunkeln brauche ich immer einen Schimmer Licht. Die verbundenen Augen machen mir Atemnot. Mir ist, als müsse ich sterben, als sei ich in etwas eingewickelt, das mich erstickt.

Ich reagiere instinktiv, um mich von dieser Binde zu befreien, und tatsächlich gelingt es mir, die noch nicht fest gezurrten Knoten zu lösen, die meine Hände fesseln. Ich schiebe die Binde weg, protestiere, erkläre zum x-ten Mal, dass ich ein Journalist bin, schlage eine Saite an, für die sie empfänglich sein müssten, und sage, so behandelt man keinen Gast, auch keinen Westler, einen, der beschlossen hat, in den tiefsten Süden zu kommen, um den Taliban eine Stimme zu geben und sie sichtbar zu machen, um live von einem Krieg zu berichten, über den man wenig oder nichts weiß.

Aber diese Taliban sind Soldaten, sie befolgen Befehle von oben. Ich protestiere weiter, drehe mich im Kreis, suche nach neuen Gesichtern und Augen für eine Verständigung. Ajmal und Sayed weinen und klagen leise vor sich hin, auch sie bekommen womöglich nicht genug Luft unter den Augenbinden und Kapuzen, die man ihnen über die Köpfe gestülpt hat.

Ein heftiger Schlag mit einer Kalaschnikow direkt unter die Schulterblätter lässt mich zusammenbrechen. Ich falle auf die Knie, hebe die Hände, gebe klein bei, verbinde mir wieder die Augen. Ein zweiter Schlag, noch stärker, erschüttert meinen Kopf. Ich sehe lauter Sterne, werde aber nicht ohnmächtig. Das Blut läuft überall an mir herunter, durchtränkt meine Haare und die Binde, die jetzt wieder meine Augen bedeckt. Ich hebe wieder die Hände, stehe taumelnd auf. Sie befehlen mir, in den Kofferraum zu steigen.

Ich muss gehorchen und versuchen, sie zu beruhigen, damit sie mich nicht umbringen. Eine lähmende Angst hat mich erfasst. Ich klettere in den Kofferraum des Corolla. Ob es ihr Wagen ist oder der von Sayed, weiß ich nicht. Aus einem Augenwinkel sehe ich den Fahrer und den Dolmetscher auf dem Rücksitz des anderen Autos. Sie rühren sich nicht, sagen nichts mehr. Auch ich rühre mich nicht, liege mit angezogenen Knien im Kofferraum, der sich mit Blut füllt. Mein Herz schlägt wie verrückt. Und ich denke an alles und an nichts, an mein Leben, an meine Familie, an die Zeitung, an das, was geschehen wird oder geschehen könnte. Ich versuche, mich zu beruhigen, rede mir immer wieder ein, dass alles in Ordnung ist, dass sie nach ihren Regeln handeln und eben einfach niemandem trauen. Ich weiß, dass die Taliban hart, gewalttätig und sehr, sehr misstrauisch sind. Da ist es wohl normal, dass sie uns die Augen verbinden, um uns an den Ort zu bringen, an dem uns der Kommandant für das Interview erwartet. Wir sollen eben einfach die Straßen und die Häuser nicht sehen.

Ich öffne den Kofferraum, indem ich an dem Seil innen ziehe. Kurz habe ich den Impuls, mich aus dem fahrenden Auto zu werfen und zu fliehen, aber der vergeht schnell wieder. Ich weiß ja gar nicht, wo wir sind und was für Leute hier leben. Es könnte ein fataler Fehler sein. Das Risiko ist zu hoch, lieber bleibe ich im Kofferraum. Ich halte ihn nur ein paar Zentimeter offen, um besser atmen zu können.

Plötzlich hält der Toyota Corolla. Draußen höre ich laute, aufgeregte Befehle. Den Kofferraum kann ich gerade noch von innen zuziehen, als er auch schon von außen geöffnet wird. Sie halten mir zwei Kalaschnikows an den Leib, ich kann die Läufe spüren. Als sie mir befehlen auszusteigen, gehorche ich und springe auf den Boden. Dann zeige ich mit den hinter dem Rücken gefesselten Händen auf die Wunde an meinem Kopf. Ich müsste sie verbinden, komme aber nicht heran. Mit einer Kopfbewegung mache ich verärgert darauf aufmerksam. Ich beklage mich auf Englisch: »So empfängt man keine Gäste.« Sie lachen, einer von ihnen ganz laut. Im Chor antworten sie: »Journalist, journalist.« Sie machen mich nach. Das wird die ganze Zeit, die wir gemeinsam verbringen werden, so bleiben. Wir, drei Opfer einer unerwarteten, unfassbaren Entführung; sie, 15 Soldaten, die stolz sind auf ihre Beute. Freundliches Verhalten und heftige Wutausbrüche gehen nahtlos ineinander über. Ich glaube oder ahne, dass sie mir nichts Böses tun wollen. Zumindest jetzt nicht. Sie respektieren mich, ich kann sie sogar einschüchtern. Ich befolge die Befehle, bin und bleibe ein Journalist, bin kein Soldat und kein Söldner, habe nichts zu verbergen oder zu leugnen. Die Binde über den Augen ertrage ich nicht, ich bitte darum, dass sie mir abgenommen wird. Sie ist blutgetränkt, was die Lage nur komplizierter macht. Vor allem für sie. Sie nehmen sie mir ab.

Endlich kann ich ihnen in die Gesichter schauen. Sie sehen aus, als seien sie uniformiert, tragen alle einen grauen Schalwar, die Turbane sind farblich abgestimmt, einige schwarz, einige weiß. Auf einigen Jacken bemerke ich ein Wappen, eine Art Kragenspiegel, der auf den Ärmel genäht ist. Ich lese »arba«, was auf Arabisch vier bedeutet. Vielleicht ist das die Nummer der Kompanie oder der zugehörigen Brigade. Es sind Soldaten, keine Banditen, sie gehören zum Militär. Das ermutigt mich. Denn die Vorstellung, vor Ort umgebracht zu werden wie ein Hund, ohne die kleinste Erklärung, ohne Vorwand oder Entschuldigung, versetzt mich in Panik. Alles hängt von dieser Meute ab. Ich sehe mir einen nach dem anderen genau an, sie sind kaum über zwanzig, bewaffnet, hart, entschieden, stark und spindeldürr. Sie haben entspannte Gesichtszüge und tragen schwarze, sehr gepflegte Bärte. Ab und zu ziehen sie aus der Brusttasche ihrer Hemden einen kleinen Taschenspiegel, um sich darin zu bewundern.

Wir warten ungefähr eine Stunde, die Hände auf dem Rücken gefesselt. Die Augenbinde hängt mir jetzt um den Hals. Ich kann mich umschauen. Wir befinden uns in einem baufälligen Gemäuer aus Stroh und Lehm, einer Art Unterschlupf für Schafherden, der von der Zeit gezeichnet ist und offenkundig nicht mehr benutzt wird. Die Soldaten drängen mich in eine Ecke, sie wollen nicht, dass mich jemand von außen sehen kann. Als ich unter einer bröckeligen Mauer Zuflucht vor der Sonne suche, befehlen sie mir mit angelegter Kalaschnikow, zurück in die Sonne zu gehen.

Ajmal und Sayed sitzen weit von mir entfernt auf den Knien, auch sie mit auf dem Rücken gefesselten Händen. Ihre Köpfe sind von weißen Kapuzen bedeckt. Sie ergeben sich der Situation passiv, klagen nicht und reden kaum. Ab und zu sagen sie Bruchstücke von Sätzen, die wie zaghafte Proteste, fast verzweifelte Versuche klingen, eine Erklärung abzugeben. Das Wort »Journalist« höre ich häufig, verstehe aber weder, was die einen sagen, noch, was die anderen antworten. Es gibt keine Diskussionen, nur Resignation und das Warten auf jemanden, der noch nicht da ist und mit einem barschen Befehl über unser Schicksal entscheiden wird.

Ich sehe mich um. Die bröckelnden Gemäuer versperren die Sicht auf die umliegende Gegend. Ich überschlage die Zeit, die wir für die Fahrt gebraucht haben. Wir müssen uns eigentlich noch in der Nähe des Ortes befinden, an dem der Überfall stattgefunden hat. Vielleicht sind unsere Entführer nur misstrauisch, unser Interview werden wir schon noch machen können. Ich bleibe also trotz allem optimistisch, beruhige mich, atme tief durch und lächele sogar. Dann schüttele ich den Kopf und wiederhole auf Englisch: »Wir sind hier, um mit einem Militärkommandanten ein Interview zu machen, er weiß Bescheid und erwartet uns. Wenn ihr so Euren Chef beschützt, ist das in Ordnung. Aber fragt ihn doch. Er weiß Bescheid, er ist informiert und wird euch sagen, wer wir sind.«

Es riecht sehr nach Mist, in der Nähe muss sich ein Stall befinden, aber Tiere sind weder zu sehen noch zu hören. Sogar die Vögel singen nicht mehr, ganz im Gegensatz zu dem Ort des Überfalls, wo sie regelrecht zu lärmen schienen. Sayed beklagt sich immer wieder, aber keiner antwortet ihm. Die Taliban halten schweigend die Gewehrläufe auf uns gerichtet. Als ich mich langsam von der Stelle bewege, befehlen sie mir barsch mit lauter Stimme, zurück in die Sonne zu gehen und mich hinter einem Mäuerchen zu verstecken. Ich schaffe es nicht, noch länger in der Hocke zu bleiben, und verliere ständig mein Gleichgewicht. Ich stehe auf, bedeute, dass Kopf und Rücken schmerzen. Ich mache mir Sorgen wegen des erhaltenen Schlags, wegen des Blutes, das mir über den Hals und die Brust in die Hose rinnt. Die Wunde muss verbunden werden, was ich mit Gesten lächelnd erkläre, um die Lage zu entspannen: Ich bin nicht gefährlich und habe nicht vor, mich zu wehren, ich bin ein Journalist, wiederhole ich immer wieder, bin für ein Interview hier. Mit einem Militärkommandanten. Ich schaue meine Reisegefährten an, fordere sie auf, zu übersetzen und das, was ich sage, zu bestätigen. Mit gesenktem Kopf murmeln sie etwas unter ihren Kapuzen, die ihre Worte ersticken. Ich schaue den Soldaten in die Gesichter. Einer von ihnen, vielleicht der ranghöchste, lächelt mich an. Er hat blitzend weiße Zähne und sieht fast sympathisch aus. Mit schriller Stimme sagt er: »Journalist, journalist. No, you are a spy!« Du bist ein Spion, ihr seid Spione! Britische Spione. Mit der rechten Hand fährt er sich quer über den Hals, macht die Geste des Halsabschneidens und wiederholt immer noch lächelnd: »Spy, spy, British.«

Sie beschuldigen uns also gleich, Spione und Kollaborateure der britischen Streitkräfte zu sein, die in ihr Emirat eingedrungen sind. Das kann kein Zufall sein, der übliche Spruch, wenn dich jemand festnimmt und dann gefangen hält. Es klingt nach erschwerendem Umstand und einem Verdikt, das über dein Leben entscheidet. Es stimmt, dass die Soldaten Ihrer Majestät zusammen mit den Kanadiern in den im Süden Afghanistans gelegenen Provinzen Kandahar und Helmand, historisch den Taliban gehörenden Gegenden, stationiert worden sind. Daher ist es logisch anzunehmen, dass die vor Ort gefassten Spione für den MI6, den englischen Geheimdienst, arbeiten. Aber direkt nach der Gefangennahme als Untertan Ihrer Majestät bezeichnet zu werden kann nicht nur mit der Tatsache zu tun haben, dass ich blond bin und helle Augen habe. Das ist wirklich einzigartig und verdächtig. So viel Sicherheit, ein so vorgefertigt klingendes Urteil erklärt sich nur folgendermaßen: Jemand hat uns verraten, hat auf unsere Anwesenheit in Laschkargah hingewiesen. Wer? Und warum? Gegen Geld, um sich Verdienste zu erwerben, aufgrund von hartnäckigen Gerüchten über die Ankunft von drei Journalisten, davon einem Ausländer, Gerüchten, die uns aus Kandahar nach Helmand vorauseilten? Oder haben wir, ohne es zu wissen, als Köder gedient, um unsere Gesprächspartner aus ihrer Deckung zu locken?

Irgendetwas muss vorgefallen sein, während meiner Gefangenschaft habe ich lange darüber nachgedacht. Wenn Ajmal und ich in den schlaflosen Nächten, eingehüllt in die Dunkelheit unserer Zelle, flüsternd versuchten darüber zu diskutieren, vermischten sich Befremdung, Vorwürfe, Mut und Enttäuschung. Angesichts der Wut, die aufgrund dieser absurden Lage in mir aufstieg, in der wir uns als Opfer dieser unvorhergesehenen und unvorhersehbaren Geiselnahme befanden, entschuldigte sich Ajmal kopfschüttelnd: »It has been a misunderstanding«, es war nur ein Irrtum, ein Fehler, und schloss erstaunt: »Ich verstehe nicht, wieso sich die Politik der Taliban plötzlich geändert hat. Mit Journalisten hatten sie nie Probleme. Jetzt betrachten sie uns als Feinde.«

Flucht in die Wüste

Ich schwitze wie verrückt. Der Schweiß mischt sich mit dem Blut, das mir immer noch von den Haaren ins Gesicht läuft. Um herauszufinden, wie viele Verletzungen ich am Kopf habe, würde ich gern die Hände benutzen. Aber die sind noch gefesselt. Ich bitte die Entführer, die mich schweigend anschauen, um Hilfe. Sie bedeuten mir mit Gesten, ruhig zu bleiben, lachen kurz auf, werfen sich gegenseitig Blicke zu und geben mit kleinen gutturalen Lauten Kommentare ab. Zwei Motorräder mit weiteren vier Taliban kommen herangefahren. Ajmal und Sayed müssen wieder in den Corolla steigen, der sie hierher gebracht hat. Es ist nicht der des Fahrers, der ist verschwunden. Wahrscheinlich haben sie ihn irgendwo versteckt, weil er am Nummernschild erkannt werden und die afghanische Polizei oder Armee alarmieren könnte.

Als sie auch mich packen, werfe ich einen letzten Blick auf meine beiden Mitarbeiter und sage auf Englisch zu ihnen, dass sie ruhig bleiben sollen, dass sich alles klären wird. Ich bin immer noch überzeugt, dass wir unterwegs sind zu unserer eigentlichen Verabredung, um das vereinbarte Interview zu machen und dieses ganze Theater zu beenden, das sich doch wirklich hätte vermeiden lassen müssen. Ich bleibe ruhig. Das Schlimmste ist vorbei. Fürs Erste töten sie uns nicht. Der Kommandant wird Bescheid gegeben haben, dass sie uns freilassen sollen, er wird sie überzeugt haben, dass es ein Irrtum war. Wir sind die Journalisten, die er erwartet hat.

Sie verbinden mir wieder die Augen. Ich atme tief durch, damit mir nicht gleich wieder die Luft wegbleibt, und protestiere nicht, will keine neuen Schläge mit dem Knauf des Gewehrs riskieren. Ich folge ihren Befehlen, deshalb respektieren sie mich. Diese erste Regel ist jetzt etabliert und wird von beiden Seiten akzeptiert. Sie stoßen mich zum Sitz eines Motorrads und ziehen mir einen weiten, schwarzen Plastiksack als Kapuze weit über den Kopf. Als der Fahrer den ersten Gang einlegt, bekomme ich den kleinen Gepäckträger zu fassen, zwei Stück Metall, die ich mit den auf dem Rücken gefesselten Händen festhalte. Die Fahrt dauert nicht lang, ein paar Minuten nur bergauf und bergab, auf einem Schotterweg, den Ajmal, Sayed und ich vorher nicht befahren haben.

Zum zweiten Mal erwäge ich eine Flucht. Ich stelle mir die Szene vor: wie ich vom Motorrad springe, rutsche, rolle, mich verletze, mir die Hände löse, die Kapuze abnehme und losrenne. Ich bin versucht, bremse mich aber auch jetzt. Denn die Frage ist ja, wo ich mich verstecken könnte, vor allem aber, wohin ich überhaupt fliehen und wen ich um Hilfe bitten könnte. Es ist ein unmögliches Unterfangen. Ich bin nicht vorbereitet, bin kein Soldat. Und schließlich habe ich nichts zu leugnen, keine Geheimnisse zu wahren. Ich bin im Recht. Aber ich bin noch immer erstaunt und verwirrt. Eine Flucht würde Misstrauen erwecken und als Beweis dafür gelten, dass ich ein Spion bin. Und ich würde sicher sofort schwer bestraft – womöglich mit dem Tod, mit einer Salve von Schüssen in den Rücken. Allein die Vorstellung lähmt mich schon. Es ist besser, die Ruhe zu bewahren und die Situation, die ich immer noch für ein absurdes Missverständnis halte, so gut wie möglich zu meistern.

Einzeln und nacheinander lassen sie uns in ein weiteres Haus aus Lehm und Stroh treten. Sie nehmen mir die Kapuze und die Augenbinde ab. Nur die Hände bleiben eng hinter dem Rücken gefesselt. Auf dem Erdboden sind Woll- und Steppdecken und ein paar Kissen verteilt. Etwa 15 Leute sind da, darunter die jungen Männer, die uns gefangen genommen haben, und ein paar neue Gesichter, ebenfalls Kämpfer in derselben Uniform. Es sind junge Burschen mit zarten, heiteren Gesichtern, im Ausdruck streng, aber durchaus fähig zu Milde. In ihren Augen lese ich viel Neugier. Sie haben offenbar noch Zweifel und glauben einerseits, dass wir – vor allem ich – Spione sind, können sich aber vielleicht inzwischen auch vorstellen, dass wir die Wahrheit sagen.

Unser Schicksal hängt buchstäblich an einem Faden, an einem Befehl, einer Klärung, einer Entscheidung. Ajmal und Sayed müssen sich in einer Ecke niederlassen. Sie haben immer noch die weißen Kapuzen über dem Kopf. Ab und zu reden sie ruhig, dann wieder fast hysterisch. Ich fordere, dass ihnen zumindest die Kapuzen und Augenbinden abgenommen werden. Ihre Gesichter müssen frei sein, sage ich im Befehlston. Ich fordere, dass ein Minimum an Würde beibehalten, dass die universell üblichen Regeln eingehalten werden. Es gibt ungeschriebene Vereinbarungen wie die elementaren Menschenrechte, die nicht verletzt werden dürfen. Ich lasse das auf Paschtu übersetzen, damit es ganz klar ist. Zum ersten Mal verwende ich das Wort »Gefangene«.

Sie sind Soldaten, gewöhnt an Befehle und an Disziplin, wir dagegen sind Gefangene und vor allem anderen Journalisten. Ich weise die Anklage, ein Spion zu sein, entschieden zurück. Meine Haltung beeindruckt sie, und die Spannung lässt plötzlich nach. Übersetzt von Ajmal und damit von den jungen Soldaten sehr wohl verstanden, haben meine Worte eine Wirkung gehabt. Sie sehen sich an, nicken und nehmen meinen beiden Mitarbeitern die Kapuzen ab. Die Kalaschnikows und Maschinenpistolen werden in einer Ecke an die Wand gelehnt. Endlich reden wir entspannter. Vor allem ich rede, so schnell, dass Ajmal mir nur mit Mühe folgen kann, aber er übersetzt meine Fragen und ihre Antworten. Die Taliban sagen mir, dass ich ruhig bleiben soll, dass sie uns nur überprüfen. Die Nachforschungen, »the investigations«, sind schon im Gang, bestimmte Regeln müssen befolgt werden. Es dauert seine Zeit, wir sollen nur Geduld haben, bald werden sie wissen, wer wir wirklich sind.

Durch die offene Tür schaue ich nach draußen. Wir befinden uns in einer ländlichen Ansiedlung, ihrerseits von weitgefassten, hohen Mauern umgeben, die zum Schutz eines Gartens, eines Dreschplatzes und noch anderer, von einer kleinen Gemeinschaft genutzter Räume dienen. Ein Anwesen wie viele andere in dieser Gegend. Ich sehe auch den Besitzer, einen alten Bauern, der sich beim mühsamen Gehen auf einen Stock stützt. Er hat einen langen weißen Bart und trägt eine weiße Tunika. Auf mich wirkt er freundlich, mit Sicherheit gehört er nicht zur Gruppe. Ich lächele ihn an, suche in ihm einen Halt, jemanden, der an meine Ehrlichkeit glaubt.

Der Bauer betritt den Raum und stellt ein Tablett mit Gläsern und Tee auf den Boden. Als er Bonbons und bunt gefärbte Zuckerwürfel verteilt, grüße ich ihn auf Arabisch mit dem klassischen »*Salam aleik*«, Friede sei mit dir. Ich lege Wert darauf, mich als jemand zu zeigen, der wohlerzogen ist und die Form wahrt. Daran werde ich mich immer halten, auch als ich später darum bitte, eine Zigarette rauchen zu dürfen. Man wird es mir immer gewähren, obwohl der Koran jeglichen Tabakgenuss verbietet. Vielleicht, weil ich für sie ein *kafir*, ein Ungläubiger bin; vielleicht auch, weil sie von meiner höflichen Art beeindruckt sind. Umgangsformen sind selbst in solchen Extremsituationen wichtig.

Der Bauer schaut mich einen Moment ernst und gar nicht böse an. Er wirkt wie ein alter Weiser auf mich. Schweigend verlässt er den Raum, ohne sich einzumischen. Die jungen Männer dagegen reden, scherzen, fragen nach, informieren sich. Sie halten uns weiterhin gefesselt, lassen sich aber von mir technische Erläuterungen zu den Sachen geben, die sie bei uns konfisziert haben. Mir haben sie alles weggenommen: Jacke, Schlüssel, Portemonnaie, Ausweise, Kugelschreiber, Notizbücher, Handy, Geld, Kreditkarten, Zigaretten, Uhr, Schuhe. Und zwar mit so erstaunlichem Geschick, dass ich es noch nicht einmal bemerkt habe. Ich bin praktisch nackt. Sie haben auch meine Mitarbeiter durchsucht und ihnen alles abgenommen. Die Taliban sind vor allem von der Videokamera fasziniert. Sie ist neu und ein echtes Profigerät. Derjenige, der mir der Chef zu sein scheint, zieht sie aus der Schutztasche, schaltet sie ein, weiß dann aber nicht, wie er sie bedienen soll. Ich stehe auf und drehe ihm den Rücken zu, um sie mit meinen gefesselten Händen richtig einzustellen. Ich habe Schwierigkeiten, bewege mich unbeholfen und habe Mühe, das Gleichgewicht zu halten. Lächelnd schlage ich vor: Macht mich los, ich zeige sie euch, mit ihr wollte ich das Interview aufnehmen. Sie schlagen ein, halten mich nicht für gefährlich. Für einen Feind zwar, aber nicht für gefährlich. Außerdem sehen sie meinen schon recht langen, weißen Bart. Beharrlich und wiederholt betone ich, dass ich Respekt verlange, dass ich ein alter Mann bin, »an old man«, und sie meine Söhne sein könnten. Und dass ich selber zwei Kinder habe – 20 und 24 Jahre alt –, die mir immer Respekt erwiesen haben.

Als sie mir die Hände losbinden, atme ich tief durch. Ich schaue Ajmal und Sayed an. Der Dolmetscher hält den Kopf gesenkt, er will meinem Blick nicht begegnen. Der Fahrer dagegen reißt die Augen weit auf, erwidert meinen Blick und schüttelt den Kopf, als wollte er um Entschuldigung bitten. Dieser Zwischenfall und das Verhalten dieser Leute, die ja immerhin Afghanen sind, scheinen ihn zu erbittern. Mit ihnen wird er, wenn auch vielleicht nur am Telefon, dutzendfach in Kontakt getreten sein. Jedenfalls hat er von ihnen kein derartiges Verhalten erwartet. Er hat keine Angst, ich lese eher Erstaunen, Verlegenheit und Scham in seinen Augen. Er redet viel und die ganze Zeit. Ich weiß nicht, was Sayed sagt, denn Ajmal übersetzt nicht, er schweigt, den Sinn des Gesprächs kann ich höchstens anhand seines wechselnden Mienenspiels erraten.

In den beiden Wochen, die wir gemeinsam verbringen, wird uns ein fast vollständiges Schweigen auferlegt. Ich selbst spreche nur wenig in der Zeit, vermeide widersprüchliche Aussagen und gebe immer klar und direkt nur das Allernötigste von mir. Ich lerne es, mich zu beherrschen und abzuwägen, wann ich etwas sagen oder nicht sagen soll, zu schweigen und nur zu antworten, wenn ich gefragt werde, zu diskutieren und zu provozieren, wenn nötig, und selbst zu fragen und zuzuhören. Der Dialog bleibt immer wichtig für mich. Ich will die Lage verstehen, herausfinden, wer der Drahtzieher unserer Entführung ist und woher die obersten Befehle kommen. Eine Strategie, die nur einen einzigen Zweck erfüllt: am Leben zu bleiben und bis zum Ende dieses Alptraums durchzuhalten.

Inzwischen sind schon drei Stunden vergangen. Ich habe zwar meine Uhr nicht mehr, verliere aber trotzdem nicht mein Zeitgefühl. Ich frage die Taliban-Soldaten nach der Uhrzeit. Sie tragen Militärarmbanduhren, die zur Uniform gehören und alle gleich aussehen. Sie könnten als Sammelbestellung gekauft sein, wohl eher in Pakistan als in Afghanistan, da sie modern und raffiniert sind. Wir trinken noch mehr Tee. Mit Ajmals Hilfe sprechen wir über alles Mögliche, über Religion, Familie, Gefühle.

An einer seitlichen Öffnung, einer Art breitem Fenster, erscheint ein älterer Mann. Auch er trägt die Soldatenuniform und den schwarzen, sorgfältig gewickelten Turban, der durch eine kleine Kappe oben auf dem Kopf fixiert wird. Sie nennen den Mann »Kommandant«. Er ist der Chef dieses kleinen Trupps. Klein von Wuchs, korpulent, nervös, mit offenem Blick. Alle springen auf. Er verschwindet, um gleich darauf an der kleinen Eingangstür zu erscheinen, durch die er gebückt eintritt. Er schaut zuerst zu mir, dann zum Fahrer und zum Dolmetscher hin, schließlich wendet er sich wieder mir zu. Er betrachtet die blutende Wunde an meinem Kopf, die Blutflecken auf Hemd und Hose, verzieht das Gesicht, kommt näher, ist besorgt. Er entschuldigt sich, auch im Namen seiner Jungs, es sei ein Unfall gewesen, ich hätte mich nicht wehren dürfen: »Sie haben bei der Festnahme Widerstand geleistet, was nach unseren militärischen Regeln eine Reaktion erfordert. Wenn man verhaftet wird, muss man gehorchen.« Dann bemerkt er: »Benutzt die Polizei in Ihrem Land keine Handschellen, wenn sie jemanden verhaftet?« Ich erkläre sofort mit einem etwas ironischen und sarkastischen Lächeln, dass es dort anders ist, dass Handschellen nur in Sonderfällen verwendet werden. Dass die Polizei bei uns sehr vorsichtig sein muss, weil es für Verhaftete Absicherungen gibt. Auch ihm erkläre ich mit Ajmals Hilfe alles, was ich schon gegenüber den anderen mehrfach wiederholt habe. »Wir sind wegen eines Interviews hier, das wir mit einem Militärkommandanten vereinbart hatten.« Ich schaue Ajmal an: »Er kennt den Namen«, bedränge ich ihn. «Stimmt's? Sag du ihm, wie er heißt.«

Ajmal schweigt. Das überrascht mich, ich verstehe seine Haltung nicht. Weder auf ihn noch auf Sayed scheine ich zählen zu können. Vielleicht haben sie zu viel Angst. Ich erkläre zum x-ten Mal: »Wir sind Journalisten, ich bin Italiener, meinen Pass habt ihr ja schon, da könnt ihr ruhig nachschauen. Wir sind im Frieden gekommen, um die Taliban zu diesem Krieg und zu der Strategie, die sie in der Zukunft für Afghanistan anwenden wollen, zu befragen und das aufzunehmen.«

Der Kommandant hört konzentriert zu, ohne mich zu unterbrechen. Ich füge hinzu: »Es scheint mir nicht korrekt, wie ihr hier Journalisten aufnehmt, die extra in den Süden kommen, um zu sehen und zu berichten, was wirklich geschieht. Ihr habt mich aufgehalten, verhaftet, gefesselt, geschlagen, mit Waffen bedroht. Wir sind im Frieden gekommen«, insistiere ich, »bewaffnet nur mit Stift, Schreibblock und Kamera.« Ich frage: »Wo ist der Kommandant, den wir interviewen wollten?« Der Chef schneidet mir das Wort ab: »Er ist verhaftet worden. Im Moment befindet er sich in einer Zelle in einem unserer Gefängnisse. Mit ihm rechnen wir später ab. Es gibt ihn nicht mehr, er ist weg, fertig, aus.«

Ich weiß nicht, ob es sich da nur um eine faule Ausrede handelt. Aber wenn es die Wahrheit ist, dann bricht für mich buchstäblich die Welt zusammen. Ich denke, dass jetzt alles aus ist, wir stecken wirklich bis zum Hals in Schwierigkeiten. Es ist eine Falle, vielleicht schon seit langem am grünen Tisch geplant. Oder spontan von jemandem angezettelt, der uns für ein paar Dollar verkauft hat. Mir fällt der Junge mit den grünen Augen wieder ein, Sayeds Kontaktperson: Er war während des Durcheinanders unserer Festnahme verschwunden.

Der Kommandant schüttelt den Kopf, hebt das Tuch hoch, das ich immer noch auf dem Kopf trage, und verzieht wieder das Gesicht: Ich muss wohl doch einen schlimmen Schnitt haben. Er bittet mich wieder um Entschuldigung und lässt jemanden Verbandsmaterial holen. Die Wunde muss versorgt werden, gibt er mir zu verstehen, sie könnte sich entzünden. Er redet mit seinen Leuten und wiederholt dann: »Wir haben euch festgenommen, weil ihr illegal in ein von Taliban kontrolliertes Gebiet eingedrungen seid. Wir sind überzeugt, dass ihr englische Spione seid. Ihr sagt, ihr wärt Journalisten. Um das zu überprüfen, werden wir Zeit brauchen. Sollten wir feststellen, dass wir Recht haben, werden wir euch umgehend töten. Wenn ihr dagegen wirklich Journalisten seid, werden wir gegen eure Freilassung die Freilassung einiger unserer Gefährten fordern, die im Gefängnis sitzen.« Ich erstarre. Erst jetzt begreife ich, dass es wirklich Ernst ist. Ich bleibe jedoch weiter der Journalist und frage: »Aber was ist mit dem Interview? Können wir nicht das Interview machen?« Ich schlage vor: »Ich mache es mit Ihnen, Kommandant.«

Ich entdecke, dass ich keine Angst habe. Im Gegenteil, der Anblick dieses Kommandanten, eines höheren Ranges, beruhigt mich und gibt mir ein Gefühl von Schutz. Ich werde wieder zu dem einfachen Reporter, der Opfer eines Missverständnisses oder eines banalen Zwischenfalls geworden ist. Vielleicht hat jemand den Oberschlauen spielen wollen und muss jetzt dafür bezahlen, weil er sich ohne Zustimmung der lokalen Führung zu sehr aus dem Fenster gehängt hat. Ich werfe Ajmal und Sayed einen vorwurfsvollen Blick zu, schüttele den Kopf und fordere sie auf, endlich Klarheit zu schaffen, damit sich dieser Mechanismus, den ich noch immer nicht akzeptieren will, nicht länger fortsetzen kann. Zuerst reagieren sie nur widerwillig, aber dann beginnt der Fahrer plötzlich, einen langen Monolog zu halten. Ich weiß nicht, ob es sich dabei um die Erklärung handelt, die ich wollte, oder um einen Versuch, die schon wieder aufgekommene Spannung zu lösen. Mir gegenüber kommentiert Ajmal das nur mit harter Stimme: »Sie behaupten, dass wir Spione sind. Es hat keinen Sinn zu fordern, zu klären und zu protestieren. Sie werden immer nur dieselbe Antwort geben.«

Eine knappe Stunde lang passiert gar nichts. Drei von den jungen Männern bleiben im Schichtwechsel bei uns, um uns im Blick zu behalten. Die anderen kommen und gehen. Die Atmosphäre ist wieder entspannt. Die Sonne verschwindet am Horizont, das Licht lässt nach. Die Arme tun mir weh von der ungewohnten Haltung hinter dem Rücken und von den Fesseln. Dann wird mir befohlen aufzustehen. Als sie mir die Augen verbinden, wiederhole ich, dass ich Atemnot davon bekomme. Sie heben mich zu dritt hoch und zerren mich nach draußen. Sie lachen, reden untereinander, scheinen belustigt meine Lage zu kommentieren. Da ich nur noch die Strümpfe an den Füßen habe, spüre ich, wie wir über Gras und Steine, durch Pfützen und feuchte Stellen gehen, dann wieder über Sand, Erde, Pflanzenbüschel und Gras. Mein Herz schlägt heftig vor Angst, und ich frage, wohin sie mich bringen. Ich stelle tausend Fragen, eine nach der anderen, befürchte, dass sie mich umbringen. Ein heftiger Schlag in den Nacken würde genügen, um mich zusammensacken und dann, mit verbundenen Augen und gefesselten Händen, in einer Grube liegen zu lassen. Ein lebloses Bündel, womöglich mit einem Einschussloch, an dem das Blut gerinnt. Ich denke an Enzo Baldoni, den italienischen Journalisten, der im Irak entführt und ermordet wurde, ohne dass man überhaupt versucht hätte, Verhandlungen zu führen.

Es ist zu Ende, sage ich mir. Plötzlich fange ich an zu beten, und mein Leben zieht wie ein Film an mir vorüber: meine Kinder, meine Frau, meine Mutter, die Zeitung, das Meer, das Segelboot, mein Vater, meine Geschwister. Ich möchte unbedingt noch mehr sehen, aber da ist so wenig Zeit, der Film beschleunigt sich, die Farben verschwinden, und die Bilder überschlagen sich, spielen verrückt. Es ist vorbei, leb wohl. Leb wohl, absurde, verrückte, unvorhersehbare, liebenswerte, hassenswerte Welt. Lebt wohl, allesamt. Mein letztes Stündlein hat geschlagen. Ich hebe die verbundenen Augen zum Himmel und bitte Gott um Hilfe und Vergebung. Ich bitte um Schutz für meine Kinder. Jetzt habe ich keine Angst mehr. Ich bin bereit. Und dann weiß ich plötzlich ganz sicher, dass sie mich nicht umbringen werden. Keine Ahnung, warum. Mein Instinkt sagt es mir, und ich will es glauben. Vielleicht ist mein Tod zu absurd, vielleicht bin ich für unsere Entführer zu wichtig. Ich weiß, dass sie es nicht tun werden. Noch nicht, nicht jetzt. Mit zitternden Beinen neige ich mich nach rechts, als sie mir den Kopf nach unten drücken und mich in den Kofferraum des Corolla hineinklettern lassen. Sie schließen die Klappe. Ich habe bereits gelernt, meine Handgelenke auseinanderzuhalten, um die Knoten zu lockern. Aber diesmal sind sie so fest geknüpft und schwer zu lösen, dass ich unruhig werde.

Die Augenbinde rutscht mir über Nase und Mund. Jetzt sehe ich zwar etwas Licht, kann aber nicht atmen. Was noch schlimmer ist, denn so ersticke ich. Ich schreie immerzu »Please! Please!«, will, dass sie anhalten und mir die Binde abnehmen. Im Kontakt mit Nase und Mund wird sie feucht, während der Mund selbst und der Hals ganz ausgetrocknet sind und mein Atem immer kürzer wird. Es ist doch wirklich zu blöd, so zu sterben, scheint mir aber unausweichlich, und mir fällt ein, dass es schon vielen Geiseln so ergangen ist. Mit der Kraft der Verzweiflung kriege ich mit den Zähnen einen Stoffzipfel zu fassen und ziehe ihn erst von der Nase, dann auch vom Mund weg. Ein langwieriges, mühsames Unterfangen, bei dem ich versuche, den Atem zu kontrollieren, als wäre ich unter Wasser.

Mit Müh und Not gelingt es mir, mich in dieser beengten Lage umzudrehen und nun doch die Knoten so weit zu lockern, dass ich eine Hand frei bekomme. Ich suche nach dem Seil im Innern des Kofferraums und öffne die Heckklappe. Endlich kriege ich Luft zum Atmen. Die Erhebungen und Schlaglöcher werfen mich zwei-, dreimal von der einen zur anderen Seite des Kofferraums. Eine wahre Tortur. Ich bin Gefangener einer Gruppe von Taliban, die ich nicht kenne und von deren Absichten ich keine Ahnung habe; ich bin allein, auf mich selbst gestellt, ohne Kontakte zur Außenwelt, gezwungen zu tun, was diese jungen Soldaten von mir fordern, Befehle auszuführen, die vielleicht andere aus der Ferne erteilen. Jeder Augenblick könnte mein letzter sein. Das ist eine Konstante, ein fixer Gedanke, der mich 14 Tage und Nächte mit solcher Macht und solcher Schwere bedrückt und begleitet, dass mir mehrfach die Luft ausgeht. Ich muss lernen, diese Wellen der Panik zu besänftigen, muss immer wieder ein Minimum an Kontrolle über den Verstand, aber auch über den immer schwächeren, mitgenommeneren Körper zurückgewinnen. Ich beruhige mich, erlege mir Selbstbeherrschung und Gelassenheit auf. Die Yogapraxis fällt mir ein, sie wird mir in den Momenten der Panik während der Gefangenschaft enorm helfen. Das Seil im Kofferraum reißt. Die Flucht, die ich gerade noch ganz ernsthaft in Erwägung zog, ist nun gar nicht mehr denkbar. Es gibt kein Interview, keine Begegnung, es handelt sich nicht um ein Missverständnis. Sie haben mich festgenommen und entführt. Ich muss direkt lachen, etwas hysterisch zwar, aber glücklich darüber, dass ich noch nicht tot bin. Vielleicht schaffen wir es ja, sage ich mir. Wir können überleben. Sie werden Geld oder Gefangene im Gegenzug wollen, aber wir werden überleben. Der Staat, mein Staat, wird uns nicht im Stich lassen. Meine Zeitung wird sich für uns einsetzen. Meine Freunde,

Kollegen und Geschwister werden uns helfen. Ich bin mir sicher. Ich muss mich nur darum kümmern, dass ich am Leben bleibe.

Ich bin immer noch im Kofferraum eingesperrt, bewege mich nicht, denn der Kopf tut jetzt weh, in der Nähe der Verletzung pulsiert das Blut heftig. Ich spüre, dass es geronnen ist, dass es nicht mehr in Strömen herunter läuft. Ein gutes Zeichen, aber ich bin doch beunruhigt: Solche Schläge können innere Verletzungen hervorrufen.

Eine halbe Stunde später hält der Corolla. Ich höre wie Autotüren geöffnet und wieder zugeschlagen werden, weiß, dass sie gleich den Kofferraum öffnen, damit wir umsteigen. Für einen Augenblick bilde ich mir ein, dass sie uns gleich freilassen, dass der Alptraum zu Ende ist. Ein Schulterklopfen, ein paar Entschuldigungen, lächelnde Gesichter, vielleicht ein paar Ohrfeigen und dann ab in die Freiheit, raus aus dem Gebiet der Taliban, mit der Aufforderung, uns hier nie wieder blicken zu lassen. Nackt, entblößt, ausgeraubt, verängstigt. Aber frei und am Leben.

Aber die Hoffnung ist nur von kurzer Dauer. Sie sprechen weiterhin von Festnahme, dabei ist es ganz einfach eine Entführung. Sie sind überzeugt, Spione gefasst zu haben, vielleicht wissen sie schon, wer wir sind und für welche Zeitung ich schreibe, vielleicht ist ihnen bereits klar, dass sie einen großen Coup gelandet haben. Ein schöner Fisch ist ihnen da ins Netz gegangen: ein Ausländer, Italiener, Journalist. Beste Tauschware, zumindest gegen Geld. Die Kofferraumklappe öffnet sich nicht, das Seil hängt bewegungslos über meinem Kopf. Sie arbeiten zu zweit, dann auch zu dritt daran. Mit den Händen, den Fäusten, dann mit den Gewehren. Ich höre, wie jemand das Magazin lädt. Ein trockener, metallischer, unverwechselbarer Ton, der mich vor Angst lähmt. Von drinnen schreie ich, dass die Klappe kaputt ist, dass man sie mit dem Schlüssel öffnen muss und dass nicht ich sie festhalte. Ich mache mich verständlich. Als sie aufschließen, umfängt mich ein Windstoß und lässt mich durchatmen.

Da mir die Augenbinde bis zum Hals gerutscht ist, erwarte ich eine Reaktion, eine Strafaktion von ihnen. Vier, fünf Gesichter lächeln mich an, jede Menge Hände und Arme helfen mir beim Aussteigen. Ein Haufen Münder wiederholt mit schriller Stimme: »Please, please, please!« Sie machen mich nach, machen sich lustig über mich. Ich bin ganz damit beschäftigt zu atmen und mich zu erholen. Dann weise ich sie darauf hin, dass mein Herz Zicken macht und dass sie, falls ich sterben sollte, ein großes Problem hätten. Spätestens dann jedenfalls, wenn sie irgendwann herausfinden sollten, wer ich wirklich bin, und mich gegen irgendeinen Gefangenen austauschen wollten.

Ich schaue mich um, drehe mich einmal um mich selbst. Wir stehen auf dem freien Land, am Rand einer riesigen Fläche aus Sand und Steinen. Vor uns, in Richtung Süden, breitet sich in der schon fast untergehenden Sonne die unendliche Wüste aus. Links von uns wartet der Geländewagen, ein Toyota Landcruiser V8 Turbo, leistungsfähig, robust und schnell. Auf der offenen Ladefläche sind Pfannen, Herdplatten, Decken, Waffen, Panzerfäuste, Wasser- und Benzinkanister zu sehen. Und zwölf junge Männer mit angelegten Kalaschnikows, schweren Maschinengewehren mit Patronengurten à 200 Patronen. In der Fahrerkabine sitzen neben zwei schon aufgesetzten Panzerfäusten ebenfalls drei Taliban. Der Kommandant, den ich gerade schon in dem Bauernhaus getroffen habe; sein Vize, ein junger Mann mit langem Strubbelhaar, der einen weißen Turban trägt; und noch ein dritter, etwas älterer Mann mit grau-schwarzem Turban, sicher ein Offizier. Er benutzt ein Satellitentelefon.

Ein paar starke Arme helfen mir beim Gehen und dann dabei, auf die Ladefläche zu klettern, wo ich Ajmal und Sayed vorfinde. Sie machen mir Platz. Mit dem Rücken lehnen wir uns an die Rückseite der Fahrerkabine, wo vier große Plastikkanister befestigt sind, die uns vor den Stößen, denen wir während der Fahrten ausgesetzt sind, schützen.

Wir machen uns so schmal wie möglich, alle Beine liegen übereinander, die Füße unter der dicken Schicht Decken und Matten, während unsere Hände fest hinter dem Rücken zusammengebunden sind. Eine unbequeme Haltung. Es ist eng, und wir müssen sehen, wie wir zurechtkommen. Auch die zwölf Soldaten machen es sich, so gut es geht, bequem. Wir stecken alle in derselben Lage, haben die gleichen Mühen und Schmerzen zu ertragen und müssen alle durchhalten. Ich muss mich erst an die Schwierigkeiten, die Entbehrungen, den Hunger, den Durst, die Kälte, die Hitze gewöhnen – dies ist der Dschihad und kein Interview.

Der Kommandant, der kleine Dicke, dessen Namen Alì ich später herausfinde, legt den ersten Gang ein und drückt aufs Gaspedal. Der Wagen setzt sich wie ein Koloss Richtung Süden in Bewegung, die acht Zylinder heulen, vom Turbo angetrieben, ohrenbetäubend laut auf. Die Soldaten schauen uns an, die Läufe ihrer Gewehre kommen aufgrund der ständigen Stöße unseren Oberkörpern bedrohlich nahe. Vier von ihnen sitzen uns gegenüber, mit dem Rücken zu der hinteren Trennwand der Pritsche, vier sitzen mit baumelnden Beinen an den Seiten. Die schweren Maschinengewehre stehen an die Eisenwand der Pritsche gelehnt, die Läufe zeigen nach außen, jederzeit zum Einsatz bereit. In der Mitte befinden sich weitere vier Taliban. Ich weiß nicht, wie sie da überhaupt noch hineinpassen. Wir rücken eng zusammen und versuchen, uns gegenseitig Platz zu machen.

Paradoxerweise fühle ich mich beschützt und sicher. Jetzt

habe auch ich Angst vor den anderen: der Polizei, den afghanischen und den englischen Soldaten, die hier in diesem Teil des Landes stationiert sind. Ich habe Angst vor jedem, der uns auf der Spur sein und von einem Moment auf den nächsten beschließen könnte, uns anzugreifen. Wir sind Geiseln und damit zwar als Tauschware dienlich, im Notfall jedoch hervorragende Schutzschilde für unsere Entführer.

Ich senke den Kopf. Da meine Hände hinter dem Rücken gefesselt sind, komme ich nicht an die Zipfel der Steppdecke, die über uns gebreitet ist, heran, um sie mir bis über die Brust zu ziehen. Der Talib, der zu meiner Linken sitzt, tut es für mich. Es ist Afeef, einer der wenigen, der mir später seinen Namen sagt und mit dem ich immer den Dialog suche. Meine Kopfwunde schmerzt böse, bestimmt habe ich Fieber. Bei jeder Erhebung, jedem Stoß, jedem Bremsen kommt es mir so vor, als schlüge mir das Gehirn gegen die Schädeldecke. Ich hoffe nur, dass da drin nichts Schlimmes passiert ist und dass ich keine Gehirnblutung riskiere. Wir sind mitten in der Wüste, hier gibt es weder Ärzte, noch haben wir Medikamente.

Die Flucht führt wie eine Rallye in wilder Fahrt über Sanddünen, Erdhügel, Grasbüschel und Wildpflanzen hinweg. Ständig werden wir durchgeschüttelt und beklagen uns mit schmerzverzogenen Gesichtern und Flüchen, meine Unterarme sind wegen der Fesseln längst angeschwollen. Wir fahren keine Pisten entlang, sondern über noch nie von Reifen berührtes Land, um Begegnungen zu vermeiden, die für alle gefährlich wären. Die Fahrt wird immer schneller und schneller. Ich weiß nicht, wohin sie geht, wie lange sie dauern oder wo sie enden wird. Aber noch bin ich am Leben, und das macht mir Mut.

Ich beobachte meine beiden Begleiter, sie halten die Köpfe gesenkt, auch sie leiden unter jeder Erschütterung, vor allem wenn Kommandant Alì in der Dunkelheit, die uns umgibt, die kleinen Dünen nicht bemerkt, die ganz plötzlich unseren Weg kreuzen. Dann wird der Toyota mit einem harten Aufprall in seiner Fahrt gebremst, versinkt im Sand, hebt das Hinterteil, wirbelt Wolken aus Staub, Steinen und Gestrüpp auf und fliegt dann so heftig ruckelnd weiter, dass es einem schier den Rücken bricht. Ajmals Gesicht ist eine Maske aus Sand. Wie Sayed und ich kann auch er nichts weiter machen als sich zu schütteln, auszuspucken und zu husten.

Die Talibansoldaten, die kaum 20 Jahre alt sein dürften, lachen. In dieser ansteckenden Fröhlichkeit, die zu ihrer Mentalität zu gehören scheint, steckt weder Boshaftigkeit noch Sadismus. Ich werde sie in der ganzen Zeit weder traurig oder deprimiert noch wütend erleben. Die Zusammengehörigkeit der Gruppe bedeutet für sie Familie. Zusammen sind sie aufgewachsen, haben den Koran studiert, den sie in seiner Originalsprache, also auf Arabisch, auswendig kennen; zusammen leben und kämpfen sie. Zusammen sind sie bereit zu töten, Menschen die Kehle durchzuschneiden und zu massakrieren. Zusammen suchen sie im Kampf den Tod.

Sie lachen, während der Geländewagen sich diese Achterbahn von Terrain erkämpft, beobachten unsere Widerstandsfähigkeit, geben uns zu verstehen, dass dies ihr Alltag ist. Sie teilen mit uns Freud und Leid, Hunger und Nahrung, Durst und Wasser. Sie werden es uns nie an etwas mangeln lassen. Sie werden sich mit einer Sorgfalt um uns kümmern, die uns sprachlos macht und die wir zugleich fürchten lernen, als wir entdecken, zu wie viel Gewalt sie fähig sind.

Die Luft ist rein und frisch. Ich schaue nach oben. Der Himmel sieht wie ein schwarzer Mantel aus, beleuchtet von Millionen Sternen, die nur in der Wüste so strahlen können. Ich erinnere mich an die Nächte im Segelboot als Junge, wenn mir mein Vater mitten auf dem Meer das Steuer übergab und die Wache überließ. Ich hatte den Kompass im Auge, hatte aber gelernt, mich anhand der Sterne zu orientieren. Das tue ich auch jetzt. Obwohl wir hier in einer anderen Hemisphäre sind, kann ich anhand der Sternbilder erkennen, in welche Richtung wir fahren. Es geht nach Süden, Südwesten. Ich stelle mir die Landkarte vor, zähle im Geist die Bezirke auf, die ich auswendig gelernt hatte, und mir wird klar, dass uns die Taliban so weit wie möglich vom Ort der Entführung wegbringen wollen: in den extremen Süden der Provinz Helmand, wo sie sich sicherer fühlen, wo es keine Straßen gibt und kein Risiko, jemandem zu begegnen.

Es ist tiefe Nacht, als wir zu einem Dorf gelangen, das von Schlafmohnplantagen umgeben ist. Es liegt am Ufer des Flusses Helmand, der hier eine seiner vielen Schleifen dreht, bevor er nach Westen abbiegt und dann im See Hamum in der Provinz Nimroz verschwindet. Wir bleiben für die Nacht hier. Es ist stockfinster. In diesen Gegenden, die wir kreuz und quer durchfahren werden, gibt es noch keinen elektrischen Strom. Wenn die Sonne untergeht, behilft man sich mit Taschenlampen oder, wenn es hoch kommt, mit einer Petroleumlampe. Man geht kurz nach Sonnenuntergang ins Bett und steht noch vor dem Morgengrauen wieder auf.

Die Taliban müssen eine Unterkunft für uns finden. Auf dieses Dorf können sie zählen, denn hier haben sie Freunde und Leute, die sie unterstützen. Aber sie wollen uns nicht groß herumzeigen. Ich bekomme die Anweisung, mir den Kopf mit dem Tuch zu bedecken und den Mund zu halten. Als wir an einer Ausbuchtung des Weges halten, bildet sich eine kleine Menschenansammlung um den Wagen herum. Die Neugier ist groß, es hat sich gleich herumgesprochen, dass die Mudschaheddin, Helden von legendärem Ruf, da sind. Sie haben eine kostbare Ladung dabei, Spione, die sie auf ihrem Territorium gefangen genommen haben. Opfer zum Ausstellen. Diskret zwar, aber doch zum Ausstellen. Um den Mythos, der sie umgibt, und die Zustimmung seitens der Bevölkerung zu stärken.

Männer und Jungen, auch ein paar Kinder treten näher. Alle stehen im Dunkeln, nur ein paar Feuerzeuge beleuchten die Gesichter derer, die uns jetzt schweigend von nahem betrachten, neugierig und missbilligend zugleich. Ich habe große Lust auf eine Zigarette. Ein Mann, der ein paar Worte Englisch spricht, gibt mir eine. Die Taliban lassen mich rauchen, lassen mich auch meine Meinung sagen, klagen, erklären. Ich rede und rede. Um meine Angst zu besänftigen und die Anspannung zu lösen. Als wäre es ein dummes Spiel, als spielten wir nur Soldat und Gefangener. Sie fragen mich, wer ich bin. Ich erkläre entschieden: ein Journalist. Es ist ein – für mich lebensnotwendiges – Detail, das ich den Taliban immer vorhalten werde. Die Spionagegeschichte ist eine offenkundige Lüge, eine faule Ausrede, um eine Gefangennahme zu rechtfertigen, die in Wahrheit eine Geiselnahme ist. Eine Falle. Ich stelle entschieden und beharrlich eine zweite Regel auf: Jeder soll Verantwortung übernehmen für das, was er tut. Sie sollen zugeben, dass sie mich gefangen genommen haben, dass sie mich an einen ihrer Standorte bringen wollen, um mich für irgendeinen Tausch zu benutzen. Ich finde mich mit dieser Wirklichkeit ab, fordere jedoch den Respekt ein, den jeder Gefangene verdient. Am selben Abend noch diskutiere ich mit Kommandant Alì darüber. Er weigert sich, lässt sich aber dann überzeugen und akzeptiert meine Forderung. In den sieben Tagen, die wir zusammen verbringen werden, wird er immer wieder alles in Frage stellen, so dass ich von vorn anfangen muss.

Es ist noch immer Montag, der 5. März. Wir fahren ein paar weitere Kilometer bis zu einer Siedlung von abseits stehenden Häusern. Die Soldaten helfen uns, von der Ladefläche des Pick-ups herunterzuklettern, und laden die Decken, Herdplatten, Teekannen, Waffen und die Munition ab. Sie schieben uns in einen Heuschuppen, einen Raum mit Wänden aus Stroh und Lehm, der zur Hälfte mit Weizensäcken, Saatgut, Werkzeugen, alten Kanistern und großen, rußgeschwärzten Lehmbehältern vollgestellt ist. Wir schlafen auf einer Matte, alle drei nebeneinander, die Hände immer noch mit Stoffbändern gefesselt, jetzt aber endlich vor dem Körper, nicht mehr hinter dem Rücken. Ich habe eine nervöse Blase. Die Spannung und das Adrenalin zwingen mich, oft um den Gebrauch der Toilette zu bitten. Das wird während der gesamten Geiselhaft so bleiben und mir auch oft als Vorwand dienen, um ein paar Schritte gehen zu können, ein bisschen frische Luft zu schnappen und meinen Körper, besonders die Muskulatur der Beine zu kräftigen, die zu Zahnstochern verkümmern. Aber auch, um der Monotonie und dem stundenlangen Liegen auf Notlagerstätten zu entfliehen und um die Panikwellen zu besänftigen, die mich immer wieder erfassen und mir Atemnot bereiten. An diesem Abend warnt mich Alì: »Wenn die Zelle erst mal zu ist, gibt es kein Herauskommen mehr. Wenn du wegen deiner Notdurft klopfst, bringen wir dich um.«

Wir schlafen wie die Steine. Müde, erledigt, unfähig, uns in eine Situation zu finden, die uns wie ein schlimmer Traum vorkommt. Ein Alptraum, aus dem wir irgendwann aufzuwachen hoffen, um uns am nächsten Tag davon erzählen zu können und ihn gemeinsam zu deuten. Aber das bleibt ein frommer Wunsch.

Die krachend aufschlagende Eisentür weckt uns abrupt und katapultiert uns zurück in die Wirklichkeit. Der wachhabende Talib verkündet barsch, dass es Zeit ist fürs Gebet, das erste der fünf, die jeder gläubige Muslim tagtäglich zu absolvieren hat. Es ist eines der wichtigsten und muss nach einem präzisen Ritual, mit einer Reihe von genau festgelegten Gesten, rezitiert werden. Dazu gehört, dass man sich zuallererst Hände, Füße, Gesicht, Ohren, Nase, Mund, Arme und Ellbogen wäscht, damit alle vom Körper am Tag und in der Nacht aufgenommenen Unreinheiten beseitigt werden. Nur wer keine Notdurft verrichtet hat, kann auf die Waschung verzichten. Es ist eine Frage von Respekt und Hingabe, ein besonderer spiritueller Augenblick, in dem man sich direkt vor Gott stellt.

An diesem Morgen bete ich nicht zu meinem Gott. Sie reichen mir einen dieser kleinen Kanister, wie sie für Palmöl als Speisefett verwendet werden, und zeigen mit einer Kopfbewegung, wo ich mich erleichtern darf. Natürlich immer in Sichtweite und vor allem in entgegengesetzter Richtung zu Mekka, auf das die Soldaten und Ajmal und Sayed bereits ihr Gebet richten. Ich beobachte sie von fern, auf den Fersen hockend, die mir weh tun, weil mir diese Sitzhaltung nicht vertraut ist. Von Anfang an zwingen sie mich dazu. Sie versichern, dass »sich das so gehört« und nicht, wie sie verächtlich hinzufügen, »auf die westliche Art«. Ich werde mich so sehr daran gewöhnen, dass ich noch zwei Tage nach der Befreiung gar nicht anders kann, als auf den Fersen zu hocken.

Alle beten zusammen, meine beiden Begleiter, denen sie die Hände freigegeben haben, inbegriffen. Jeder auf seinem eigenen, sorgfältig ausgebreiteten Tuch, alle nebeneinander, mit einem ruhigen, sich wiederholenden Bewegungsablauf, in einem Rhythmus, den ein junger Mann vorgibt, der aufgrund seines Alters, seiner religiösen Kompetenz und der erworbenen Verdienste den Ritus allein und vor allen zelebriert.

Dienstag, 6. März. Der Pick-up steht schon bereit. Auf der Ladefläche liegen lauter Decken, die Waffen sind an ihrem Platz. Zehn Minuten nach dem Aufwecken – gerade lange genug, um einen Tee hinunterzukippen und ein wenig Brot zu essen – sind wir schon unterwegs. Sie befehlen mir, aufzusteigen, mich so klein wie möglich zu machen und unter meinem Tuch sowie einer Steppdecke zu verstecken, aus der Sand und Erde rieseln. Sie bedecken mir den Kopf, so dass ich unter diesem Berg von Wolle, Plastik und Baumwolle verschwinde. Langsam wird mir die Luft knapp, ich bekomme Atemnot. Mit den Händen, die jetzt zum Glück vorn und nicht mehr hinter dem Rücken gefesselt sind, verschaffe ich mir einen kleinen Licht- und Luftspalt. Ich weiß, dass wir den Fluss an Bord eines kleinen Schleppkahns überqueren müssen und dass mich keiner sehen darf, auch nicht der Kapitän. Daher gehorche ich dem Befehl, versteckt zu bleiben.

Ajmal und Sayed dagegen sitzen nur so da, dass die Decke ihre Handfesseln aus Stoff bedeckt. Sie sind Afghanen und könnten auch für Taliban gehalten werden. Jetzt stehen sie unter der ständigen Bewachung unserer Aufseher. Sollten sie auch nur mit den Augen das kleinste Zeichen geben, riskieren sie den sofortigen Tod. Die Mudschaheddin hätten da keine großen Skrupel, und niemand – am allerwenigsten die Dorfbewohner – würde es wagen, etwas zu sagen.

Versteckt unter dem Deckenberg höre ich, wie der Fahrer den Wagen manövriert, um auf den Schleppkahn zu fahren. Dessen Motor springt an, fährt hoch, keucht, und das Boot überquert, durch die Strömung zur Seite geneigt, den Fluss. Ich bete zu Gott, dass alles gut gehen möge, mit den gefesselten Händen würde ich mir, falls wir untergehen sollten, nicht zu helfen wissen. Nach wenigen Minuten sind wir am anderen Ufer.

Der Toyota dreht auf und rast wieder los. Weiter Richtung

Süden, zu einem zweiten und zu einem dritten Wüstenstrich. Der Himmel ist klar, die Sonne ist schon aufgegangen und steht zu meiner Linken, im Osten. Die Taliban ziehen die Decken weg, jetzt darf ich herauskommen; sie bedanken sich sogar dafür, dass ich so ruhig geblieben bin. Der Reihe nach ziehen sie runde Silberschatullen hervor, auf deren Deckeln Figuren und Symbole auf Paschtu eingraviert sind. Sie sind voll mit einem grünen Pulver, von dem sie sich eine Linie auf den Handrücken streuen, die sie mit der Zunge ablecken. Dieses Ritual spielt sich alle paar Stunden ab.

Ich frage, was das ist, stelle mir zwar eine Droge vor, weiß aber nicht, was für eine. Die Jungs lachen und fragen, ob ich probieren will. Ich verneine. Ajmal erklärt mir, dass es sich um eine Art halluzinogenen Tabak handelt, den man im Mund behält, bis er seine Wirkung entfaltet, außerdem ist es ein starkes Aufputschmittel. »Sie sind daran gewöhnt«, warnt er mich. »Dir könnte es womöglich schlecht bekommen.« Ich frage eine Spur provokativ, ob ihre Religion ihnen das überhaupt erlaubt, da sie weder trinken, noch Musik hören, keinen Sex haben, nichts außer dem Koran lesen und alles meiden, das den verdorbenen und unreinen Westen repräsentiert. Sie erklären mir, dass es für ihre Droge keine Verbote gibt. Und dass es in Wahrheit gar keine Droge ist.

Afeef, der Talib, mit dem ich ab und zu ein paar Worte auf Englisch wechsele, antwortet mir ebenfalls provokativ: »Du rauchst Zigaretten, wir essen unseren Tabak.« Ich lade ihn ein, doch eine Zigarette, also mal was anderes, zu probieren. Der Soldat sagt, dass das unmöglich ist, auch wenn es nicht der Koran verbietet. Ihr Oberbefehlshaber, Mullah Omar, »Amir ul-Momineen«, hat es bestimmt. Er sagt es sehr ernst, ohne sich zu einem Lächeln hinreißen zu lassen, das als fehlender Respekt vor dem Oberbefehlshaber gelten würde. Er erklärt mir, dass Omar sich mit den anderen zehn Mitgliedern der Obersten Shura beraten und eine spezielle Fatwah erlassen hat. Seitdem haben alle, die vorher rauchten, damit aufgehört.

Nicht einen dieser jungen Burschen habe ich in den zwei gemeinsam verbrachten Wochen je mit einer Zigarette im Mund gesehen.

Der Pick-up rast durch die Wüste, über alte, vom Wind verwehte Pisten, die von kleinen spitzen Feldsteinen verschiedener Farbtöne – gelb, viola, hellblau, schwarz – flankiert sind. Wir fahren Hügel hinauf und herab, die sich bis zum Horizont ziehen. Nach ein paar Stunden erscheinen die Silhouetten zweier Gebirge inmitten der riesigen Ebene, die nur von Kamelherden, Eseln und Herden kleiner Schafe mit dichtem schwarzem oder braunem Fell durchquert wird. Viele sind wild, aber bei genauerem Hinsehen erkenne ich die Silhouette eines kleinen Jungen, der sie mit einem Stock antreibt. Wir sind Hunderte von Kilometern von der nächsten Ortschaft entfernt. Und doch ist er dort, vielleicht mit einer Wasserflasche, und daran gewöhnt, tagelang allein in diesem öden Heideland herumzustreifen.

Die Landschaft ist von atemberaubender Schönheit. Sanddünen steigen inmitten der Wüste auf wie Meereswellen im Sturm, deren Kamm vom Wind modelliert wird. Hügel erheben sich zwischen Gestrüppflecken, Wasserpfützen, Teichen und Palmen. Am Horizont taucht ein kleiner schwarzer Punkt auf, gefolgt von einer Staubwolke, die die uns entgegengesetzte Richtung anzeigt. Ein Talib kniet sich hin, um besser sehen zu können, schaut sich um, beobachtet dann wieder diese verdächtige Erscheinung. Als er etwas ruft, antworten die anderen und greifen nach ihren Waffen. Sie zerren an ihm und ziehen ihn herunter. Abwechselnd richten sich auch einige der anderen auf, um zu beobachten, was geschieht.

Ich schaue Afeef an und frage ihn beunruhigt: »Americans? Americans?« Er schüttelt den Kopf und gibt mir zu verstehen, dass ich still sein soll. Er schaut noch ein letztes Mal hin, dann beginnt er aus vollem Halse ein Lied zu singen, das ich während unserer Gefangenschaft noch häufig zu hören bekomme. Auch unsere Aufseher geben es lauthals von sich, es erschallt aus den Lautsprechern der Autos der Taliban und aus den Kassetten, die sich die Soldaten gegenseitig weiterreichen und in ein kleines Abspielgerät schieben. Es sind Lieder ohne Instrumentalbegleitung, ganz sanfte Worte, von jungen, fast femininen Stimmen gesungen. Weder Fanfaren, noch rhythmisierte Slogans oder Kampfgesänge, sondern melancholische Klagelieder mit vielen Wiederholungen. Es sind die Hymnen der Bewegung der Koranschüler: Sie erzählen von den Kämpfen und Zusammenstößen, aber auch von einer besseren und gerechteren Welt, in der alle im Frieden und in Sicherheit leben. Ohne Räuber, Wortbrüchige oder Mörder. Aber auch ohne Frauen, ohne Fortschritt, Kultur, Bücher, Musik, Bälle, Kino, Fernsehen. Eine in der Vergangenheit verankerte Welt, stehen geblieben in der Zeit von Mohammed. Eine große friedvolle Oase ohne Geschichte, ohne Emotionen, ohne Gefühle. Gegründet auf den Koran, das Buch, das Allah auf die Erde geschickt hat, um mit einer Geste die anderen beiden Bücher der großen monotheistischen Religionen zu verdrängen.

Ich werde oft mit diesen Jungen darüber diskutieren, die noch blutjung sind, sich aber dessen bewusst, dass sie jederzeit sterben können. Sie wirken auf mich wie eine wilde, starke und kompakte Schar, verrückt, grausam, neugierig, hinterlistig, entschieden. Vor allem aber wie eine Schar von glücklichen Menschen, die überzeugt sind, im Recht zu sein, dazu bereit, sich als Märtyrer aufzuopfern, um das wahre Leben zu erlangen, den großen Sprung ins Paradies zu schaffen, das der einzige Sinn ist dieses verstümmelten, begrenzten, die Welt vollständig ausschließenden Daseins.

Die Berge, die ich am Horizont gesehen hatte, bilden jetzt eine Kette, die die Wüste durchschneidet. Wir werden langsamer und schlagen Pisten ein, die von Motorrädern und den Pick-ups der Drogen- und Waffenschmuggler zerfurcht sind. Ajmal erklärt mir, dass dies ein Grenzgebiet ist. Er ist sich nicht ganz sicher, glaubt aber, es wiederzuerkennen. Wir müssten in der Nähe der Grenze zu Pakistan sein. Dort, wo die Berge sich berühren, fahren wir in eine enge Schlucht, die sich zu einer mit großen Felsen und Gestrüpp gesprenkelten Ebene öffnet.

Kommandant Alì hat gesagt, dass er uns in die wichtigste Militärbasis der Bewegung, in die »main basis« bringen werde. Aber das ist eine Lüge, es gibt hier keine Basis. Erst mit der Zeit finde ich heraus, wie gern die Koranschüler lügen. Ich glaube nicht, dass sie sich nur deshalb so verhalten, weil sie uns in die Irre führen wollen. Es gehört ganz einfach zu ihrem Wesen.

Am Ende dieses von den hohen Bergen geschützten Tals stehen zwei Gebäude aus Lehm und Stroh. Sie sind durch eine Umfassungsmauer geschützt, die im Osten und im Westen je eine Öffnung haben. Vielleicht werden sie von den Taliban verwendet, auch wenn es hier nicht die typischen Spuren eines Schulungslagers gibt. Die Soldaten müssen dafür sorgen, dass wir nicht gesehen werden. Vor allem nicht von oben. Nachts und später auch tagsüber höre ich das Brummen der Suchflugzeuge über unseren Köpfen. Ich werde sie in den zwei Wochen der Gefangenschaft häufig hören. Diese unablässige Kontrollaktivität macht unsere Aufseher sehr unruhig. Deshalb werden wir in diesen zwei Wochen 15 Mal den Ort wechseln, oft sogar zweimal am Tag.

Im Moment tröstet mich dieses Detail. Ich fühle mich nicht im Stich gelassen, nach meinem langem Schweigen müssen sie Alarm ausgelöst haben. Aber das ist nur eine Hypothese, für die ich nicht die leiseste Bestätigung bekomme. Ich stecke wie unter einer Käseglocke, in der nur die Stille der Wüste zu hören ist. Es gehört zur normalen Praxis, dass diese Gebiete elektronisch kontrolliert werden. Mit Drohnen, kleinen Flugzeugen ohne Piloten, beobachten und fotografieren die Briten, unterstützt von den Amerikanern, von oben Meter für Meter alles, was sich in dem Territorium bewegt. Wir wären gut zu sehen. Den ganzen Nachmittag bleiben wir in diesem rechteckigen Bau eingesperrt, der aus einem einfachen Erdboden, vier Löchern als Fenster und einem türlosen Eingang besteht.

Die Spannung hat sich gelockert. Es beginnt eine Art Verhör, das sich über eine Woche hinziehen wird. Keine Folter bislang, nur Unterhaltungen, die die Soldaten abwechselnd mit uns anknüpfen. Sie fragen uns, wer wir sind, was für ein Leben wir führen, was wir über Afghanistan und über den Krieg denken. Was für Ideale wir haben, was für Pläne, was für Träume. Es ist nicht nur Neugier, es ist Teil der von den Führungskräften der Gruppe beschlossenen »investigations«. Jedes Gespräch wird von dem einen wiederkehrenden Thema beherrscht: der Religion.

Kommandant Alì setzt sich vor uns hin. Zuerst wendet er sich an mich, den ausländischen Journalisten, den, der am meisten Neugier hervorruft. Er beginnt, mir vom Islam zu erzählen, entschuldigt sich ständig für die Wunde, die seine Leute mir zugefügt haben, und erklärt, dass es sich um eine Ausnahme handelt. Normalerweise wird ihren Gefangenen eine andere Behandlung zuteil. Er nimmt häufig Bezug auf Guantanamo, auf die Militärbasis von Bagram. »Dort sind sie nicht so rücksichtsvoll. Unsere Brüder werden gefoltert.« Er fordert uns auf, uns wie Gäste und nicht wie Häftlinge zu fühlen. Ein Blick auf die Kalaschnikows, die auf uns gerichtet sind, und auf den Zustand, in dem wir uns befinden, genügt, um uns eines Besseren zu belehren. Aber er beharrt darauf, befiehlt, uns die Hände zu lösen, und bestürmt uns mit Fragen.

Ich verberge nichts vor ihm, erzähle ihm, dass ich in Karatschi, Pakistan, geboren bin, und dass ich auch einen zweiten, muslimischen Namen habe: Amir, genau wie Mullah Omar, ihr Oberbefehlshaber. Sie werden ihn nie für mich verwenden, werden mich immer Daniele nennen. Denn Amir ist ein heiliger Titel, den Mullah Omar sich 1996 in dem Heiligtum, das den Mantel des Propheten aufbewahrt, selbst gab. Es liegt gleich neben dem Mausoleum von Kandahar, das nach Ahmad Shah Abdali, dem Gründer der Nation, benannt ist. Er soll im 18. Jahrhundert den heiligen Umhang aus Buchara nach Kandahar gebracht haben. Um seine Rolle zu legitimieren als derjenige, der von Gott den Auftrag erhalten hat, das afghanische Volk anzuführen, tat der Mullah damals an diesem Ort etwas von großer symbolischer Bedeutung: Er nahm den Mantel des Propheten und präsentierte ihn einer aus Taliban bestehenden Menschenmenge.

Peitschenhiebe im Namen Allahs

Ich wiederhole den Namen Amir, wobei ich ein wenig über die Aussprache stolpere. Kommandant Alì korrigiert mich nicht, er erwähnt den großen geistigen Führer nicht. Also rufe ich laut: »Der Mullah Omar!« Ich will ihm nur zu verstehen geben, dass ich weiß, um wen es sich handelt. Ich kenne seine Vergangenheit, die Legenden, die ihn begleiten, seine Flucht auf dem Motorrad während der Offensive der Koalition 2001. Ein Detail, das damals viele Westler amüsierte, dabei ist das Motorrad heute noch das häufigste Verkehrsmittel der Taliban.

Alì rollt seinen schwarzen Turban ab. Seine sehr kurz rasierten Haare stehen im Kontrast zu dem langen schwarzen, krausen Bart, den er sich ständig glatt streicht. Eine nervöse Geste, ich habe eine Taste angeschlagen, die ihn alarmiert. Über Mullah Omar wird nie gesprochen werden. Erst in letzter Minute, direkt vor meiner Freilassung, wird ein Mann mir gegenüber Amir ul-Momineen, den Kommandanten der Gläubigen, erwähnen. Dieser Mann ist Mullah Dadullah, der eigentliche Drahtzieher unserer Entführung und derjenige, den wir hätten interviewen sollen.

Alì spricht wieder über den Islam und erklärt mir, dass ich eine Entscheidung treffen muss. Die Tatsache, dass ich zumindest theoretisch halb Muslim und halb Agnostiker bin, rückt meine Konversion für ihn in den Bereich des Möglichen. Alles spricht dafür, dass ich ein guter Gläubiger werden kann. Das sagt er mit wachsendem Enthusiasmus, während sein breites, offenes Gesicht von der rot leuchtenden, untergehenden Sonne angestrahlt wird.

Ajmal sitzt neben mir, Sayed bleibt abseits, hört zu, nimmt aber nicht am Gespräch teil. Wahrscheinlich denkt er über das nach, was geschehen ist, und überlegt, was wir jetzt tun können.

Ich reagiere auf das Drängen des Kommandanten vorsichtig mit der Bemerkung, dass es sich um eine Entscheidung handelt, die ich sorgfältig prüfen muss, dass ich dazu erst den Koran studieren und weitere Bücher über den Islam lesen möchte. Ich habe schon viele gelesen, aber nicht genug, um mich für einen Experten zu halten. »Es wäre unseriös«, halte ich ihm entgegen. Alì stimmt dem zu, wird aber immer eifriger. Zwei weitere Taliban setzen sich im Schneidersitz zu uns auf die Matte und nehmen an der Diskussion teil. Ajmal ist entspannt, er übersetzt nicht nur die Fragen und Antworten, sondern hilft mir außerdem, die Strategie unserer Geiselnehmer zu verstehen. Vertrauen und Misstrauen begleiten uns während der gesamten Dauer der Entführung, bittere Enttäuschungen und plötzlich aufkeimende Hoffnungen reichen einander die Hand. Ich lerne mit der Zeit, jede Bewegung, jede Geste einzuschätzen und die irreführendsten Details zu verstehen.

Die Taliban sind sehr geschult, was Verhöre angeht. Sie wissen genau, wie sie Freundlichkeit und Abstand, Liebenswürdigkeit und Gewalt dosieren müssen. Sie sind geschickt, sehr geschickt. Aber sie sind auch sehr an religiösen Fragen interessiert. Nicht immer ist ihr Enthusiasmus bei den Gesprächen über Gott und die göttlichen Gesetze zweckgebunden. Diese jungen Burschen leben für Allah. Allah ist der Mittelpunkt ihrer Existenz.

Alì lässt nicht locker, hartnäckig bleibt er beim Thema. Ich lächele und versuche, ihn in die Enge zu treiben. Ich frage ihn, ob er eine Konversion meinerseits ausgerechnet jetzt für richtig hält, wo ich mich an einem so abgelegenen Ort und dazu noch in Gefangenschaft befinde. Aufgeregt und überzeugt, dass mein Entgegenkommen ein erstes Zeichen für mein Nachgeben ist, rückt er näher und redet weiter auf mich ein. »Für ihn wäre es ein großer Erfolg«, erklärt mir Ajmal, der ganz unpersönlich und emotionslos übersetzt, zweifelnd. »Er sagt, dass es ihm Ehre einbringen würde. Vielleicht wären dann seine Chefs, die *helder*, diejenigen, die uns sehen wollen, bereit, uns gehen zu lassen. Es wäre eine angemessene Bezahlung für unsere Befreiung.« Ich habe eine plötzliche Eingebung. »Kommandant, Sie würden mich gehen lassen, wenn ich Muslim würde?« Alì nickt mehrmals und fügt hinzu: »Aber wenn du dich entschieden hast, musst du einen ersten Schritt tun, der für uns Muslime wesentlich ist.« »Welchen?«, frage ich neugierig. Alì holt weit aus, ist ein bisschen verlegen. Durch Ajmal lässt er mich fragen, ob ich beschnitten sei. Ich sage nein, ich bin nicht beschnitten. Der Kommandant ist enttäuscht, erklärt aber, dass das kein Problem sei: Das lasse sich lösen. Er fügt jedoch hinzu, dass dies ein unverzichtbarer Bestandteil meiner Konversion sei.

Mir scheint, dass er immer noch meinen Mut auf die Probe stellt. Er hat mich in eine Falle locken wollen, auf die ich, wie ich mir ein bisschen stolz sage, nicht hereingefallen bin. Er will austesten, wie tief mein Glaube verankert ist. Freiheit im Tausch gegen Beschneidung. Ich bleibe ernst. »Das lässt sich machen«, schließe ich, »aber ich glaube nicht, dass Ihre Chefs, die *helder*, einverstanden sein werden.« Alì springt auf: »Ich rufe sie sofort an, mal sehen, was sie antworten. In der Zwischenzeit besorge ich einen Doktor, es geht ganz einfach, ganz sauber und präzise.« Ich schüttele den Kopf – eine schreckliche Vorstellung, in einem Schafstall, inmitten von Flöhen und Mäusen, mit einem verrosteten Messer beschnitten zu werden – und dämpfe seine Begeisterung: »Wenn ich eine Entscheidung treffen soll, möchte ich sie als freier Mann treffen. Alles andere wäre heuchlerisch und unseriös.« Ich füge hinzu: »Laut Koran verdammt der Prophet die Heuchelei bedingungslos.«

Wir gehen zu anderen Themen über, reden über Alltag und Politik. Alì kommt immer wieder auf die amerikanischen Bombardements zu sprechen: »Dabei kommen vor allem wehrlose Zivilisten, Frauen und Kinder um.« Dazu kann ich nichts sagen. Dann redet er wieder über die Religion: Nur Muslime könnten auf das Paradies hoffen, der Rest der Welt, der in der Unwissenheit lebe, sei zu Häresie und Verdammnis verurteilt, zum Nichts nach dem Tod. Es ist ein verzweifelter Appell an den Rest der großen religiösen Gemeinschaften, zu konvertieren, bevor es zu spät ist, bevor die Apokalypse mit ihrer Dunkelheit über uns kommt und die Stunde der letzten Begegnung mit Gott schlägt.

Bevor die Sonne im Westen verschwindet, wird gebetet. Auch ich bete, den Blick vor mich gerichtet, mit gefalteten Händen zu meinem Gott. Dabei sitze ich mit wachsender Angst in meiner Ecke.

Ich schlafe ein. Ein bisschen später wache ich plötzlich auf und starre zur Decke. Zum x-ten Mal realisiere ich, dass dies alles kein böser Traum ist. Ich bin nicht zu Hause, nicht im Hotel, bin nicht in Kabul. Ich bin Gefangener der Taliban, die ich interviewen wollte. Das Einzige, was mich tröstet, ist die Tatsache, dass die Zeitung einen Bericht bekommen wird. Es klingt absurd, aber der Instinkt des Reporters setzt sich durch, er ist meine Waffe: gegen mich selbst und gegen meine Entführer.

Sie wecken uns mitten in der Nacht. Es ist Mittwoch, der 7. März, kurz vorm Morgengrauen. Von draußen sind seltsame Geräusche und aufgeregte Stimmen zu hören. Ich rüttele Ajmal und frage ihn, was los ist, ob es Probleme gibt. Mit seinem gequälten Blick und den Augen, die beinahe stumpfsinnig ins Leere starren, ist er mittlerweile kaum noch zugänglich und antwortet, er habe keine Ahnung. Auch er hat die Unruhe bemerkt. »Vielleicht werden wir irgendwo anders hingebracht«, fügt er hinzu. Er hat recht, er hat einen der Soldaten gehört, wie er die anderen zusammenrief. Der ockerfarbene Pick-up mit Nummernschild aus Dubai und zwei blau-gelben Streifen an den Seiten steht schon bereit. Wir steigen auf die Ladefläche. Die Hände sind zum Glück vor dem Körper gefesselt. Unsere leidenden Gesichter und die Proteste während der vergangenen Transfers müssen unsere Geiselnehmer weich gestimmt haben.

Im Schneckentempo fahren wir etwa ein Dutzend Kilometer auf einer schon gespurten Piste. Dann biegen wir in eine Schlucht ein, und der Geländewagen hält an einem Steilhang, wo er durch Felsblöcke und Gestrüpp völlig geschützt steht.

Erschöpft schlafen wir auf der mit Decken vollgepackten Ladefläche ein, die uns dreien allein zur Verfügung steht. Die Taliban organisieren die Wache schichtweise; wer gerade dran ist, stellt sich mit seiner Waffe oben auf die einzeln um unser improvisiertes Gefängnis herum stehenden Felsen. Wer gerade ruht, wickelt sich ganz in seine Decke, umarmt dabei sein Gewehr und behält, unbeweglich wie eine Sphinx, ein Auge offen.

Mit gefesselten Händen drehe und wende ich mich nervös mal links, mal rechts herum und finde keine bequeme Position. Der ganze Körper tut weh, auch wenn ich erstaunlicherweise keine inneren Schmerzen habe und sogar mein von Geschwüren und Entzündungen ruinierter Magen hervorragend funktioniert. Seit zwei Tagen trinken wir Brunnenwasser, wärmen uns mit gelbem Tee, essen Kartoffeln, knabbern ab und zu an den Knöchelchen von Tieren, die sie als Hühner ausgeben. Mir scheinen es eher Vögel zu sein, die sie vor Ort fangen. Ich fürchte eine Virusinfektion, aber das Adrenalin, das durch die Anspannung aktiviert worden ist, hat offenbar meine Abwehrkraft gestärkt: In den zwei Wochen werde ich nicht die kleinste Störung haben.

Ich habe ein paar Stunden geschlafen. Als ich die Augen öffne, sehe ich, wie der Himmel langsam blassblau wird. Im ersten Morgenlicht tauchen nach und nach die Silhouetten der Bergspitzen über uns auf. Von dem offenen Feuer, das sie ein paar Meter vom Pick-up entfernt angezündet haben, dringt der Geruch nach verbranntem Holz herüber. Die Taliban, die gerade keine Schicht hatten, wachen einer nach dem anderen auf. Schweigend greifen sie nach ihren Wasserkanistern und gehen zu einem abgelegenen Ort. Jeder bewegt sich mechanisch, Befehle sind nicht mehr nötig. Sie wurden vor allem für uns gegeben, aber inzwischen kennen wir die Rhythmen und Rituale, die Abfolge dessen, was wie und wann getan werden muss. Ich wickele mich in den Schal, den ich als Kissen, Turban, Tischtuch und Kopfbedeckung verwende, und hocke mich, auch jetzt mit gefesselten Händen, nahe an die Glut. Ich sage ihnen Guten Tag, und so werde ich es die ganze Zeit über halten. Je nach Antwort werde ich dann wissen, was ich vom Tag zu erwarten habe.

Der Kommandant meidet mich, der Vorschlag meiner Konversion zum Islam im Tausch gegen die Freiheit scheint ins Leere gegangen zu sein. Ich warte immer noch auf eine Antwort. Theoretisch schuldet er sie mir, wenn er, wie er ja angeblich plante, mit seinen Vorgesetzten gesprochen hat. Aber heute morgen ist er nervös und unruhig, er hat eine schlaflose Nacht hinter sich. Schuld sind die Suchflugzeuge, die weiterhin über unseren Köpfen fliegen und die Taliban sehr beunruhigen.

Wir fahren weiter Richtung Süden, durch Schluchten und über Ebenen, eine immer gleich bleibende Landschaft. Ein kurzer Halt auf dem Sand, in einem winzigen, verlassenen Dorf mit Hütten aus Lehm und Stroh, gerade lange genug, um Wasser aus dem Brunnen zu schöpfen und die Kanister aufzufüllen. Dann geht es langsam weiter, immer mit Augenmerk auf die Straße, auf die Berggipfel und auf das Geräusch der seltenen Motorräder und Autos, die aus der Gegenrichtung kommen. Wir werden ihnen nicht begegnen, der Fahrer des Pick-ups kennt die Gegend und findet immer versteckte Seitenstraßen.

Wir lassen den Wagen stehen und gehen zu Fuß weiter. Die Fesseln werden uns abgenommen, wir müssen auf einen Hügel klettern und brauchen Bewegungsfreiheit. Sie halten weiter die Waffen auf uns gerichtet, wissen aber, dass wir keine Fluchtversuche unternehmen werden. Jedenfalls jetzt nicht. Vor allem um mich kümmern sie sich, sie halten mich für einen Rebellen, der durchaus zu einer Kurzschlusshandlung fähig wäre. Ich glaube, sie befolgen präzise Befehle. Wenn einer von uns fliehen sollte, wären sie die ersten, die getötet würden.

Oben auf dem Hügel stehen zwei Ruinen. Es sind zwei miteinander verbundene Räume, das Dach teilweise eingestürzt, und eine Art Schafstall, niedriger und kleiner, voll mit Abfall und Resten von anderen vorübergehend Unterschlupf Suchenden: Papier, Plastik, Stofffetzen, ein alter Pullover, Stoffe, die zu Turbanen, Hemden, Hosen gehörten. Der Älteste der Taliban, den sie Hassan nennen – er wird um die 30 sein und trägt einen feinen Bart in dem mageren, harten Gesicht –, fegt diese menschlichen Hinterlassenschaften mit einem Stock zusammen und häuft sie in einer Ecke unseres Gefängnisses auf. Er hebt eine alte, zerrissene und verstaubte Matte hoch, breitet sie in der dem Abfall gegenüber liegenden Ecke auf dem steinigen Erdboden aus und herrscht uns an: »Setzt euch dahin.« Über uns befinden sich zwei Spalten in der Mauer, die als Fenster dienen, der Eingang, der keine Tür hat und niedrig und eng ist wie der Eingang zu einem Stollen, ist weit entfernt.

Ich krieche in dieses Loch und versuche mir Mut zu machen. Ich beschäftige meinen Geist, versuche, mich auf die Details, Farben, Klänge, auf die Wochentage zu konzentrieren. Aber alle möglichen Gedanken überfallen mich, sie überschwemmen mich orkanartig. Ich bekomme Kopfschmerzen. Mein Kopf fühlt sich so voll an, dass ich das Gefühl habe, er werde gleich bersten. Ich spreche wenig, verliere mich in anderen Welten und anderen Themen, schlafe fast immer im Sitzen und träume unendlich viel, ausgerechnet ich, der sich normalerweise an Träume gar nicht erinnern kann. Ich träume von allem. Von meiner Mutter, meinem Vater, der im letzten Sommer gestorben ist, meiner Frau, meinen Kindern, der Zeitung, den Kollegen. Es sind keine Alpträume, eher absurde und paradoxe Situationen. Ich spüre, wie mich jemand von draußen sprechen will, mir Nachrichten und Gedanken einzig und allein kraft des Geistes übermitteln will. Eine Form von Telepathie, die Zehntausende von Kilometern zurücklegt und mich an diesem hintersten Winkel der Erde erreicht. Der Gedanke ist tröstlich.

36 Stunden lang sind wir wie betäubt. Ich gehe im Geist die Tage seit unserer Entführung durch: Inzwischen haben wir Donnerstag, den 8. März. Afeef, der Soldat, der für mich zu einer Bezugsperson in der Gruppe geworden ist, stürmt in die Zelle und fordert Sayed auf herauszukommen. Sayed ge-

horcht und entfernt sich zusammen mit dem Talib. Ajmal schläft weiter, vielleicht ist er aber auch wach und hält nur die Augen geschlossen. Ich mache mir keine Sorgen um unseren Freund, es gibt keinen Grund für Spannungen, nichts Besonderes ist vorgefallen. Nach einer guten Stunde ist Sayed noch nicht zurück. Die Sache beunruhigt mich. Ich weiß nicht, wo er ist, habe keinen Schrei, kein Geräusch, noch nicht einmal das übliche Flüstern gehört, das sonst von außen in die Zelle dringt. Ich denke schon fast, dass sie alle weg sind, dass sie uns frei gelassen haben. Zwar mitten in der Wüste, aber frei.

Das erweist sich als Illusion. Sayed erscheint im Eingang, senkt den Kopf und betritt das Loch, in dem sie uns gefangen halten. Er ist weiß im Gesicht, seine Augen sind nur noch unglückliche, kleine Schlitze, die Mundwinkel bilden Falten. Er schüttelt weinend den Kopf und lässt einen unterdrückten Schrei los: »Fuck Taliban, fuck Taliban!« Ich frage, was passiert ist, und bitte Ajmal zu übersetzen. Der Dolmetscher ist gerade aufgewacht, schaut verschlafen drein, auch er ist von dem Anblick erschüttert. Sayed erklärt, dass er auf den Rücken und die Beine geschlagen wurde und erzählt uns auch das Detail, das ihn in Panik versetzt hat: Sie haben offenbar versucht, ihn zu erwürgen. Er macht die Hände nach, die ihn von hinten packen, dann so etwas wie ein Seil, das sich ihm um den Hals zieht und ihn am Atmen hindert. Sie haben erst aufgehört, als ihm die Augen schon aus dem Kopf traten und er zusammenbrach. Er meint, dass er ein paar Sekunden ohnmächtig gewesen sein muss. Er hat Angst. Wir auch. Eingehüllt in ein lastendes Schweigen, schauen Ajmal und ich uns fragend an.

Jetzt wird mein Dolmetscher herausgeholt und fortgebracht. Sayed brummt etwas auf Englisch, er will, dass ich ihn nicht verrate. Wenn ich verhört werde, soll ich sagen, dass ich ihm als Fahrer 50 Dollar pro Tag gegeben habe, fleht er mich an. Ajmal hatte mir schon am Abend vorher Bescheid gesagt: Auch er wollte im Fall eines Verhörs dasselbe behaupten. Ich hätte ihm 200 Dollar für die fünf Reisetage hier im Süden gegeben, hatte er mir eingeschärft. Diesen Aspekt hatte ich bisher nicht bedacht. Offensichtlich haben Sayed und Ajmal in ihren Gesprächen mit den Taliban schon mit dieser Frage zu tun gehabt, aber keiner der beiden hatte mir bislang etwas davon gesagt.

Wir stecken jetzt mitten in der Ermittlung, sie wollen wissen, wem die 5000 Dollar gehören. Tatsächlich ist es genau die Summe, die Ajmal als Honorar vorab für das Interview von mir verlangt hatte. Diese Forderung hatte mich überrascht, sie schien mir übertrieben hoch. Wir hatten in Kabul darüber diskutiert, und meinen Einwänden hatte er entschieden entgegen gehalten: »Alle Fernsehsender zahlen diese Summe. Sie ist eine Absicherung für uns.« Ich hatte ihn darauf hingewiesen, dass ich als jemand, der für eine Zeitung arbeitet, nicht die Betreuung benötigen würde, die eine ganze Aufnahme-Crew braucht. Aber die Tatsache, dass ich eine Videokamera dabeihatte, mit der ich das Interview mit dem Militärkommandanten aufnehmen wollte, machte mich den anderen Kunden gleich. Ich war kurz davor gewesen abzusagen. Ajmal war mir zu teuer geworden. Schließlich hatte ich jedoch, wenn auch etwas ungehalten, eingeschlagen.

Mit einem Rabatt von 1000 Dollar, den ich mir selbst genehmigt hatte, hatte ich ihm das Geld kurz vor unserer Geiselnahme gegeben, als wir das letzte steinige Stück Weg zurücklegten. Ajmal hatte das Geld in seine Tasche gesteckt, und die Taliban hatten es sofort gefunden. Sie glauben, dass das Geld mir gehört, aber es könnte auch die Bezahlung der von ihnen vermuteten Spionagetätigkeit Ajmals und Sayeds für mich sein. Daher wollen die Geiselnehmer es ganz genau wissen: Sie erinnern sich nicht, aus welcher Jackentasche sie das Geld bei der schnellen Durchsuchung während des Überfalls herausgezogen haben.

Ich tröste Sayed, sage ihm, dass das kein Problem ist: Was er in seinem Verhör gesagt hat, scheint mir plausibel. Es wäre logisch, wenn dieses Bündel von 4000 Dollar mir gehörte. Aber ich unterschätze die Schläue der Taliban und ihren Wunsch, mich unter allen Umständen in Schwierigkeiten zu bringen und, wie sich dann später herausstellt, jede noch so kleine Lüge zu bestrafen.

Die Reihe ist an mir. Ajmal sitzt vor der Tür zum zweiten Raum auf den Knien. Er schaut nach unten und sagt nichts. Sein Gesicht ist trocken, er hat nicht geweint. Sie bringen mich in den ersten Raum. Dort stehen sie alle im Kreis. Sie binden mir mit Stoffstreifen die Hände und Arme hinter dem Rücken zusammen und stellen mich in ihre Mitte. Ich bitte um Ajmals Anwesenheit, er soll ihre Fragen und meine Antworten übersetzen. Hier darf es keine Missverständnisse geben: Ich weiß, dass ich einem Verhör unterzogen werde.

Als erstes fragen sie mich, was ich in der Computertasche hatte. Ich zähle auf: Bücher, Stifte, Notizblöcke, das rote Heft, Quittungen, Geld. Wie viel? Ich wisse es nicht, antworte ich: vielleicht zwei- oder dreitausend Dollar. Das ist die Wahrheit. Ich schaue sie in der Erwartung einer Antwort an. Sie kommt nicht. Sie lassen nicht locker: Was ich in der Computertasche hatte? Ich durchsuche im Geist die schwarze Tasche meines Laptops, gehe die Innen- und Außentaschen einzeln durch. Vielleicht habe ich etwas vergessen. Aber ich habe keinen Grund, irgendetwas zu verbergen. Da wären noch die Kabel, technisches Zubehör, die Netzkabel. »Ich weiß wirklich nicht, was ich euch noch sagen soll. Es ist doch alles da, ihr habt die Sachen und könnt selber kontrollieren.«

Ich überlege, welcher Gegenstand mich verraten und verurteilt haben könnte. Ich kann mich an nichts erinnern, es sei denn, sie hätten im Laptop Artikel entdeckt, die ihnen nicht behagen. Was mir unwahrscheinlich vorkommt, denn sie sind auf Italienisch geschrieben. Es gibt viele, die ich von Jerusalem aus geschickt habe, und womöglich passen ihnen meine Reisen nach Israel nicht. Aber in der Heiligen Stadt leben noch immer viele Palästinenser. Diese Hypothese verwerfe ich sofort, sie wäre zu weit hergeholt. Diese Mudschaheddin sind nicht in der Lage, auf Italienisch verfasste Artikel zu verstehen. Außerdem haben sie noch nie einen Computer gesehen. Und tatsächlich geht es den Taliban, die mich verhören, um das Geld. Sie wollen den Fahrer oder vielleicht den Dolmetscher festnageln und benutzen mich als Zeugen der Anklage. Sie suchen nach einer Bestätigung für ihren Verdacht. Sie wissen, dass die 4000 Dollar mir gehörten, wollen aber unbedingt herausfinden, welcher der beiden Mitarbeiter bezahlt worden ist: Er wäre dann verantwortlich dafür, einen Spion in ihre Gebiete eingeschleust zu haben.

Sie fragen mich, wie viel ich insgesamt für den Fahrer und den Dolmetscher bezahlen musste. Ich antworte, wie mit meinen Gefährten vereinbart. Ich verrate sie nicht, unsere Versionen sind identisch. Der Name des Mannes, der mich verhört, ist Muneer. Während unserer Fahrt hatte er mit weißem Turban in der Fahrerkabine des Pick-ups gesessen. Er befiehlt mir, niederzuknien und mich dann auf dem Boden auszustrecken. Die Arme eng auf dem Rücken zusammengebunden, erwarte ich meine Bestrafung. Ich denke an Sayed und daran, dass sie versucht haben, ihn zu erwürgen. Aus einem Augenwinkel sehe ich, wie sich ein Talib nähert. Mir scheint, dass es Hassan, der Älteste von ihnen, ist.

In der Hand hält er einen Eisendraht, den er zu einer Schlinge formt. Die beiden Enden verwindet er und kommt noch näher. Ich bereite mich darauf vor, den Atem anzuhalten, auch mir werden sie so lange den Hals zudrücken, bis es mich würgt. Aber es kommt anders. Auf den Ruf »Allah Akbar!« hin knallen heftige Peitschenhiebe von oben auf mich nieder, zwei, drei, vier, ich zähle bis zwölf. Mein Rücken biegt sich nach oben, ich versuche die Hiebe abzudämpfen, indem ich die Muskeln anspanne. Aber die über mir Stehenden peitschen mich mit rasender Wut, ohne mir auch nur eine Sekunde Pause zu gönnen. Sie schlagen mich auf den Rücken und die Oberschenkel. Dabei geht ein Pfeifen durch die Luft, das nur der Ruf nach Allah noch übertönt. Sie peitschen mit Gartenschlauchstücken. Sie peitschen und schreien. Tränen laufen über mein von Erde und Staub bedecktes Gesicht. Am Ende schreie ich: »Basta, basta!« Es kommt heraus wie ein Befehl, ist aber ein Flehen. »Basta«, es reicht, sagt man auch auf Paschtu.

Der Typ mit dem Eisendraht in den Händen taucht wieder vor mir auf. Ich erkenne ihn: Es ist wirklich Hassan. Er befiehlt den anderen aufzuhören. Die Soldaten gehorchen, einige lachen, andere helfen mir hoch. Muneer, der Bursche mit dem weißen Turban, tritt auf mich zu und sagt, dass das zu den Regeln gehöre, sie seien Taliban, sie hätten nichts gegen mich persönlich. Ich fühle mich beleidigt und erniedrigt und protestiere schwach: Zivile Gefangene schlage man nicht. Ich erinnere sie daran, dass ich ein alter Mann bin und vor allem ein Journalist, jemand, der als neutral gilt in einem bewaffneten Konflikt.

Wütend frage ich: »Warum entführt ihr keine Soldaten?« und füge mit gefährlich wachsendem Eifer hinzu: »Warum nehmt ihr ausgerechnet einen Journalisten gefangen, der völlig ungeschützt, nur mit Stift und Notizblock bewaffnet, zu euch gekommen ist und nichts weiter als ein Interview machen will?«

Als ich aufgestanden bin und in meinen von Erde und Staub beschmutzten Kleidern dastehe, schreie ich Ajmal an, der sich bislang nicht gerührt hat und wie gelähmt wirkt. Er soll gefälligst Wort für Wort übersetzen und sich keine Abweichung erlauben. Und auch die Adjektive und die Intonation nicht auslassen. Ich habe keine Ahnung, ob er sich danach richtet. Wahrscheinlich nicht, weil er uns schützen und weitere Gewaltakte vermeiden will. Er murmelt nur irgendetwas.

Ich bin außer mir. Die Situation wird langsam unerträglich, und ich bin mit meinen Nerven am Ende. Ohne auf eine Antwort zu warten, bewege ich mich – im Entengang, denn ich habe Schmerzen – auf das Gefängnisloch zu, das mich erwartet. Meine Hände sind noch immer hinter dem Rücken gefesselt. Ich bereite mich auf eine lange und schwierige Geiselhaft vor, habe nun endlich begriffen, dass ich ein Gefangener bin. Der andere Daniele, Journalist und Auslandskorrespondent bei *La Repubblica*, ist in Laschkargah geblieben. Muneer, der Talib, der das Verhör geleitet hat, tritt an mich heran. Ich drehe mich mit einem Ruck um. Er lächelt, als ich ihn böse anschaue, und sagt: »Wir haben es geschafft, dir ein paar Tränen zu entlocken. Du weinst sonst nie.«

Das stimmt, denke ich bei mir. Ich weine nur, wenn ich sehr traurig und verzweifelt bin. In diesen zwei Wochen wird es mir öfter passieren, vor allem in den Nächten mitten in der Wüste werden mich einzelne stumme, wut- oder angsterfüllte Schluchzer überkommen.

Muneer löst mir die Fesseln, fasst nach meiner linken Hand und entdeckt, dass ich am kleinen Finger noch den Ehering meiner Frau trage. Er will ihn mir abziehen, aber ich mache eine Faust und bitte ihn, mir den Ring zu lassen. Er öffnet mit einem belustigten Lächeln meine Hand und zieht mir, während er mir fest in die Augen schaut, den Ring vom Finger. Er betrachtet ihn, dreht ihn hin und her, schaut mich wieder an und steckt ihn sich in die Hemdtasche. Er hebt drohend den Zeigefinger in einer Geste, die er noch häufiger wiederholen wird und die besagt: Hier bestimme ich.

Ich flüstere eine Beleidigung, die er geflissentlich überhört.

Begegnung mit dem großen Chef

Ich kehre in den dunklen, feuchtkalten Schafstall zurück, der meine Zelle ist. Ajmal wird noch draußen festgehalten. Sayed sitzt zusammengekauert in einer Ecke. Er sieht mich aus seinen weit geöffneten Augen an und ahmt Peitschenhiebe nach. Er möchte eine Bestätigung, will wissen, was sie mir getan haben. Auch das Würgen gestikuliert er, schüttelt den Kopf und weint. Wieder flüstert er: »Taliban, fuck you, fuck you.«

Er hat dem Tod ins Gesicht geschaut, sagt, dass diese Leute uns umbringen wollen. Beide fühlen wir uns getäuscht und fangen an, allem und jedem zu misstrauen. Wir können uns nie entspannen, müssen immer versuchen zu verstehen, was sich hinter anscheinend versöhnlichen Verhaltensweisen oder plötzlichen Launen versteckt, müssen die Gefahren erraten. Wir müssen unsere Geiselnehmer besser beobachten. Diese Taliban sind schlau, sie erfassen den psychischen Zustand eines Gefangenen im Nu. Es sind Soldaten, nicht mehr kleine Schüler aus der Madrassa. Ich sage dem Fahrer, dass sie mich geschlagen haben, zwölf Peitschenhiebe auf den Rücken und auf die Beine. Sie haben mich nicht gewürgt wie ihn.

Auch Ajmal kommt in die Zelle zurück. Jetzt haben sie ihm nichts getan, er sollte nur noch meine letzten Sätze übersetzen, die Muneer und die anderen Geiselnehmer nicht verstanden hatten. Er erklärt mir, dass auch er auf die Beine und seitlich auf den Körper gepeitscht wurde. Aber er beklagt sich nicht. Sayed hat am meisten Angst von uns. Sie müssen ihm mit etwas Schlimmem gedroht haben. Ihn beschäftigt jetzt die Frage, ob sich speziell für ihn die Lage geändert hat. Sie halten ihn weiterhin für einen Spion, für den einzigen echten Spion in unserer kleinen Gruppe.

Sie bringen uns etwas zu essen. Es ist Mittag, aber wir haben keinen Hunger. Wir fühlen uns erniedrigt und deprimiert, alles tut weh. Mich lässt der Gedanke an die erlittene Gewalt und Folter nicht los. Dass so etwas geschehen könnte, war mir bislang nicht in den Sinn gekommen. Jetzt merke ich, dass ich mich in den kommenden Tagen womöglich auf weiteren physischen und mentalen Druck gefasst machen muss. Wieder bete ich. Ich bitte meinen Gott, mir neue Verhöre zu ersparen. Ich bin bereit, noch viele Tage Gefangenschaft zu ertragen, aber die Vorstellung, Folter und Erniedrigungen ausgesetzt zu sein, macht mir Angst. Immer wieder läuft die Szene mit den Plastikschläuchen, die mir auf den Rücken schlagen, vor meinem inneren Auge ab. Dann denke ich über dieses »basta« auf Paschtu nach, kurz nachdem ich auf Italienisch um ein Ende gefleht hatte. Eine ungewöhnliche Reaktion, die mir jetzt seltsam vorkommt. Man hält nicht beim ersten Aufschrei eines Gefangenen inne, der unter Folter verhört wird. Vielleicht waren die Peitschenhiebe nur eine Inszenierung. Unsere Geiselnehmer müssen einen Befehl von oben erhalten haben. Der Drahtzieher unserer Entführung hat den Auftrag gegeben, den Bogen zu überspannen, damit wir Angst bekommen. Sie haben sich auf Sayed fixiert und versucht, ihn zu töten. Sie machen ihn verantwortlich dafür, dass wir hier in Helmand sind, und wollen ihn zu einem Geständnis zwingen. Ajmal und ich sind rücksichtsvoller behandelt worden: mit einer ordentlichen Dosis an Schlägen, aber doch ohne allzu viel Wut. Es ist eine subtile Unterscheidung, die mit der Zeit ganz offensichtlich und eindeutig wird. Und zu einem tragischen Ende führt.

Mit der Dunkelheit und dem letzten Gebet kommen auch die Ketten. Kommandant Alì pendelt zusammen mit dem Talib, der das Satellitentelefon besitzt, zweimal täglich zwischen unserem Elendsquartier und einem nahe gelegenen Dorf hin und her. Er kauft Lebensmittel und die notwendigsten Dinge, um die wir ihn bitten. Endlich besorgt er uns Medikamente: ein Plastiksäckchen mit Antibiotika und Wundheilmitteln, Binden, Pflastern, Verbandwatte, Wasserstoffsuperoxyd und ein Fläschchen Jod. Ajmal wird beauftragt, meine Wunde zu versorgen, was er mit viel Feingefühl und Achtsamkeit tut. Während er mir die Haare schneidet, damit die Pflaster kleben können, gestehe ich ihm, dass ich mir Sorgen mache, einen Schaden davon getragen zu haben. Ich befürchte eine innere Blutung, ein Hämatom im Schädel, das zu einem Gerinsel werden könnte. Eine kleine Bewegung reicht, und es kommt mir so vor, als würde mein Kopf gleich platzen. Ich darf mich nicht bewegen. Die Pflaster halten schlecht, und das Risiko, dass sich die Wunde entzündet, ist groß bei all dem Staub, den Ameisen, Flöhen und Tausenden sonstigen Insekten, die unser Verließ bevölkern. Meine beiden Mitarbeiter raten mir, den Kopf mit dem Turban zu bedecken. Aber als ich ihn aufsetze, drückt er so über der Stirn, dass das Blut pulsiert und sich der Schmerz im gesamten Schädel ausbreitet. Ich werde ihn nur als Dämpfer verwenden, als Schutz gegen die Ratten, die nachts von dem noch frischen Blut angezogen werden könnten. Ich schlafe nur wenig und schlecht. Als Kissen benutze ich einen Lehmziegel, der unter dem Druck des Kopfes zerbröckelt, aber ohne Kissen komme ich nicht aus. Man schläft schlecht auf steinigem Boden und erst recht, wenn man durch echte Ketten mit echten Vorhängeschlössern in seinen Bewegungen behindert wird. Und mit Sorge beobachte ich etwas Neues: Die Taliban neigen jetzt dazu, uns einzuteilen in gute und schlechte Menschen, als wollten sie unsere Verschiedenheit hervorheben.

Ajmal und Sayed sind an den Fußgelenken aneinander gekettet. Sie können gehen, müssen es aber immer gemeinsam tun. Meine Kette lässt mir wenige Zentimeter Freiraum zwischen den Fußgelenken und zwingt mich zu winzigen Schritten. Sie ist durch zwei Vorhängeschlösser geschlossen, die mir in die Haut schneiden. Anders als meine beiden Mitgefangenen, deren Hände frei sind, wurden mir die Hände mit einer zweiten Kette gefesselt, die je nach Laune unserer Gefängniswärter enger oder weiter gefasst wird. Diese Launen sind für mich weder nachzuvollziehen noch vorherzusehen. Nur eines scheint mir deutlich: Sie müssen durch Befehle von außen bedingt sein. Ich bin überzeugt, dass man inzwischen in ganz Afghanistan und besonders hier im Süden von uns spricht. Dafür gibt es viele Anzeichen. Zum Beispiel ein Radio, das plötzlich auftaucht, Nachrichten der BBC auf Paschtu, in denen es um drei verschwundene Journalisten geht. Wir bekommen von Ferne etwas davon mit, als undeutliches Gemurmel, aus dem sich meine beiden Mitarbeiter einen Reim zu machen versuchen.

Aber die eigentliche Bestätigung kommt am späten Abend, als der Schafstall, in dem wir schon seit einigen Stunden liegen, und das ganze Gebiet, in dem wir uns seit zwei Tagen befinden, längst in Dunkelheit gehüllt sind. Es ist Freitag, der 9. März. Der Offizier mit dem Satellitentelefon stürzt plötzlich, gefolgt von vier Männern in traditionellen Gewändern, in unsere Zelle. Ihre Gesichter sind von Turbanen verdeckt, damit sie nicht erkannt werden können. Wir stehen mit Mühe auf. Wegen der eng zusammengeketteten Hände und der blockierten Füße verliere ich, wie auch sonst oft, mein Gleichgewicht, kann mich aber gerade noch auf einen der Besucher stützen.

Sie schauen uns mit großem Interesse an, betrachten uns forschend, als wären wir seltsame Tiere, die noch zu identifizieren und zu dechiffrieren sind. Das Wort Spion höre ich nicht mehr, es ist aus den Gesprächen verschwunden, die die Taliban während ihrer Wachdienste führen, und wird auch vor diesen vier mysteriösen Männern nicht erwähnt.

Ajmal und Sayed grüßen ehrerbietig, indem sie die Arme der Besucher nach afghanischem Brauch mit einer Hand berühren. Man kann ruhig verfeindet sein, aber wenn man sich begegnet, legt man beide Hände auf die der Person, die vor einem steht, murmelt ein paar Worte, die Frieden bedeuten, wie: willkommen; möge Allah uns erleuchten; danke für den Besuch; ich bin glücklich und fühle mich geehrt. Auch die vier Männer drücken Arme und Hände und antworten mit den üblichen Begrüßungsworten und Floskeln. Uns war angekündigt worden, dass die Chefs, die *helder* uns sehen wollten. Jetzt gehe ich davon aus, dass es sich um diese vier Personen handelt.

Aber ich liege falsch. Ich schnappe das vertraute Wort »al-Qaida« auf, obwohl es auf Paschtu mit geschlossenen Vokalen ausgesprochen wird, die ich mit der Zeit noch besser zu unterscheiden lerne. Ich klammere mich an alles, an Worte, die in Gesprächen oft vorkommen, an Ausdrücke, Verben, Adjektive, an alles, was mir hilft zu erraten, worum es geht. Ajmal übersetzt nicht, er tut es nur dann, wenn er eigens damit beauftragt wird. Ich fühle mich immer isolierter, bekomme von meinem Dolmetscher keine Unterstützung mehr. Er erklärt mir, dass er furchtbare Angst hat, er könnte aus Versehen irgendwelche Geheimnisse verraten. Zum Beispiel die

Tatsache, dass er der Neffe eines hohen Funktionärs der afghanischen Polizei ist.

Ich muss immer erst um Erlaubnis bitten, wenn ich Gespräche übersetzt bekommen möchte, die mir mit unserem Gefangenendasein zu tun zu haben scheinen und womöglich über unsere Zukunft entscheiden. Das jedoch ist ein schwieriges Unterfangen, denn ich erfasse die Nuancen dessen nicht, was die Taliban sagen, mir entgehen die Details, denen ich entnehmen könnte, wen wir vor uns haben.

Die vier mit Turbanen vermummten Männer bleiben ein paar Minuten im Schafstall. Dann verabschieden sie sich und verschwinden in der Dunkelheit. Ajmal flüstert mir verängstigt zu: »Al-Qaida, Pakistaner.« Ich weiß nicht, was ich davon halten soll, und stelle fest, dass Ajmal seiner Intuition folgt. Ich frage, ob das die berühmten Chefs sind, die uns sehen wollten. Er weiß es nicht, ist jedoch überzeugt, dass es sich um lokale Anführer handelt, die von jenseits der Grenze gekommen sein müssen. Wir werden sie nicht wieder sehen. Während unserer Geiselhaft werden wir nie ausländischen Kämpfern wie Tschetschenen, Arabern, Bosniern oder anderen sogenannten internationalen Dschihadisten begegnen. Wir werden von Afghanen gefangen gehalten. Aber die Anwesenheit dieser vier Personen ist für mich die Bestätigung, dass wir uns in einem stammesbeherrschten Gebiet ganz in der Nähe der Grenze befinden. Die pakistanische Stadt Quetta, eine Hochburg der Taliban, muss direkt hinter den Bergen liegen, die über uns emporragen. Wir befinden uns im Herzen ihres Territoriums.

Ich frage Ajmal im Dunkel der Zelle danach. Als es Nacht wird, flüstere ich ihm meine Frage ins Ohr. Aber er hat Angst, antwortet mir nicht, fordert mich stattdessen auf, ihm zu vertrauen. »Später sag ich dir die wichtigsten Sachen. Sie sind misstrauisch, jedes Mal, wenn sie uns reden sehen oder hören, fragen sie mich, was wir uns gesagt haben, sie verlangen sofort eine Übersetzung.« Ich schweige. In dem Bemühen, ihn zu verstehen, ziehe ich mich wieder zurück. Ich fürchte, dass Ajmal mehr weiß, als er zugibt, und dass er sich ein anderes Bild über die Lage macht als ich. Er hat beschlossen, eher zuzuhören als zu sprechen. Und er hat beschlossen, mir nur noch das Wesentliche mitzuteilen.

Ich schließe die Augen und versuche zu schlafen, aber es gelingt mir nicht. Ich werde wieder von einer Flut von Gedanken, Mutmaßungen und Überlegungen heimgesucht. Viele Details, Geräusche und Gerüche sind schon in mir gespeichert. Wie so häufig, überfliege ich in Gedanken bereits den Beginn des Artikels, den ich über dieses unvorstellbare, unmögliche Abenteuer schreiben werde. Ich lese ihn x-mal durch, sehe all die Sätze vor meinem inneren Auge vorüberziehen, die Punkte, Kommata und Adjektive, die alle am richtigen Platz stehen, und wundere mich über mich selbst: Ich denke an diesen Text, obwohl ich an Händen und Füßen gefesselt bin, obwohl ich Gefangener und Gegenstand eines Gefangenentauschs oder jedenfalls von wahrscheinlich bereits laufenden Verhandlungen bin. Aber allein schon die Vorstellung, eines Tages frei zu kommen und diesen Artikel schreiben zu können, flößt mir Mut ein und hilft mir, den vielleicht ersten wirklich schwierigen Moment der Gefangenschaft zu überwinden.

Ich höre ein lautes Zwitschern im Schafstall, ein Spatz fliegt immerzu ein und aus. Seine Anwesenheit interpretiere ich als ein Zeichen. Meine Frau Luisella, die halb Italienierin und halb Peruanerin ist, hat mir die symbolische Bedeutung so mancher Begebenheiten erklärt. Vögel drücken etwas Neues aus, sie sind die Boten von Nachrichten, die einen Wendepunkt, eine Entwicklung ankündigen. Das tröstet mich in diesem Moment großer Verzweiflung. Ich spüre die Nähe meiner Frau, bilde mir ein, sie sei, getarnt als Spatz, bis hierher, ins tiefste Afghanistan, zu mir gekommen. Vielleicht will sie mir Hoffnung machen, mir zu verstehen geben, dass ich nicht allein bin, dass sie aktiv etwas unternimmt und die nächsten Schritte abwägt. Aber vor allem will sie mein Gemüt beruhigen. Das gelingt ihr, ich schlafe ein und träume von ihr. Wie ohnehin immerzu, wenn ich die Augen schließe.

Die Taliban haben mir auch Zigaretten mitgebracht, ein Päckchen SS 80, made in Korea. Mit Zigaretten werden sie mich im übrigen die ganze Zeit versorgen. Ich bedanke mich, bin aber misstrauisch. Die Peitschenstriemen auf dem Rücken brennen noch immer und mahnen mich zu Vorsicht. Ein Geschenk, eine einfache Aufmerksamkeit seitens der Geiselnehmer darf nicht mit Freundlichkeit verwechselt werden. Mit ziemlicher Sicherheit steckt eine neue Falle dahinter. Das Spiel ist anspruchsvoll, es erfordert List und Schläue. Ajmal hält sich weiterhin an die Taktik des Beleidigten, Kranken und Depressiven. Er ist in sich versunken, lässt den Kopf hängen, die matten Augen fixieren einen Punkt im Nichts. Er will das Mitleid unserer Gefängniswärter wecken.

Sayed dagegen ist gesprächig, er nutzt die entspannte Atmosphäre und spricht mit den Taliban. Ich weiß nicht, was er sagt. Ajmal weigert sich, für mich zu übersetzen, wirft ihm gelegentlich einen tadelnden Blick zu und schüttelt den Kopf, nur um sich gleich wieder abzuschotten. In der Zelle macht er ihm oft Vorwürfe, er würde zu viel reden, sich selbst widersprechen und damit das Misstrauen unserer Entführer stärken. Das sagt er auch zu mir: »Er stürzt sich selbst ins Verderben.« Und flüstert mir zu: »Sie holen gerade Informationen ein. Sayed ist aus Laschkargah, er kennt diese Gegend. Über ihn werden sie schnell alles wissen, und zwar vollständig. Bei mir ist das anders. Ich komme aus Kabul, da werden sie mehr Zeit brauchen, um alle Informationen zu bekommen.« »Fürchtest du, dass sie herausfinden, dass du der Neffe eines hohen Polizeifunktionärs bist?«, frage ich ihn. Er schaut mich erschrocken an und fordert mich auf zu schweigen, weil sie mich womöglich verstehen könnten. Er ist sogar überzeugt, dass der Mann mit dem Satellitentelefon perfekt Englisch kann und nur so tut, als wäre das nicht der Fall. »Du bist auch manchmal nicht präzise genug«, wirft er mir vor. »Dabei reicht schon eine Unsicherheit, um sie in Alarmbereitschaft zu versetzen. Du musst deine Antworten gut formulieren.« Ich entschuldige mich und frage mich, ob er Recht hat, obwohl ich eine andere Strategie als er verfolge. Aber dann sage ich mir, dass ich nichts zu verbergen habe.

Um sieben werden wir geweckt. Es ist Samstag, der 10. März, der sechste Tag in Gefangenschaft. Ich frage ständig nach der Uhrzeit, so schaffe ich es, ein Gefühl für die Tageszeiten zu behalten. Die Reise geht weiter, endlich verlassen wir dieses Loch. Ich bin zufrieden, ziehe es vor, unterwegs zu sein, denn so vergeht die Zeit schneller. Ich frage, ob wir lange unterwegs sein werden, aber die Taliban legen sich nicht fest. Der Pick-up steht schon bereit, wie immer sitzen die Soldaten dicht an dicht auf der Ladefläche, die Waffen sind an die Seitenwand gelehnt, die Panzerfaust ist aufgesetzt. Ich habe Mühe, mich an meine neue Lage zu gewöhnen: Die Kette an den Handgelenken macht mich noch ungeschickter, hinterlässt Abdrücke in der Haut und verursacht lauter kleine Blutergüsse. Sie zwingt mich zu einer sehr unbequemen Haltung, die ich kaum ertragen kann. Ajmal berichtet, der Kommandant habe von einer Ermittlung gesprochen, die fünf oder sechs Tage dauern werde. Vielleicht haben sie die gewünschten Informationen ja schon erhalten. Ein Talib ist neu dabei, auch er jung, mit einem das Gesicht umrahmenden, spärlichen Bart und dunklen, tiefgründigen Augen, die nichts verraten. Er hilft mir auf die Ladefläche, fragt nach meiner Wunde und nach meiner seelischen Verfassung und stellt sich vor: »Ich heiße Tareq.«

Ajmal misstraut ihm. Bei einer Rast warnt er mich: »Das ist einer von al-Qaida, er kommt aus Pakistan und kann perfekt Englisch, auch wenn er so tut, als verstünde er nichts.« Ich erschrecke, bin aber auch erstaunt. Dass Tareq zum Netzwerk Bin Ladens gehören soll, scheint mir zweifelhaft. Dessen Leute habe ich mehrfach schon an anderen Kriegsschauplätzen getroffen: Sie schauen hasserfüllt drein und wollen dich am liebsten tot sehen. Tareq dagegen ist ein sanfter Mensch, er scheint gebildet und intelligent, völlig anders als unsere Geiselnehmer. Er ist gläubig, hat jahrelang in der Madrassa gelernt, kennt den Koran auswendig und rezitiert ihn ununterbrochen. Aber was mich wirklich davon überzeugt, dass Ajmal sich täuscht, sind die Gespräche, die er mit mir in gebrochenem Englisch führt, seine geistige Offenheit und das Fehlen jeder Form von Fanatismus. Ajmal wird am nächsten Tag selbst zugeben: »Tareq ist sehr ungewöhnlich für dieses Milieu. Er scheint wirklich ein Gläubiger und ein religiöser Mensch zu sein. Er verfügt über eine Kultur und ein Wissen, wie sie unter den Taliban nur selten vorkommen.«

Der Pick-up gewinnt langsam an Fahrt, verlässt das Labyrinth der Schluchten, umfährt die Bergkette und hält dann direkt auf den Norden zu. Das Herz schlägt mir bis zum Hals, ich erinnere mich an die Richtung, die wir auf dem Hinweg genommen haben und verfolge jede Bewegung des Wagens, an dessen Steuer der Kommandant persönlich sitzt.

Wir schlagen den alten Weg ein, den auch die Schmuggler nutzen, durchqueren das Stück Wüste, lassen die beiden Gebirge hinter uns, die einen neuen Abschnitt markierten. Ich lächle so froh wie schon seit zwei Tagen nicht mehr: Wir kehren zurück. Sicher ist etwas geschehen, unsere Entführung nimmt jetzt einen anderen Verlauf. Das muss die Wende sein, die der Spatz in der letzten Nacht ankündigte. Den Glauben daran brauche ich.

Tareq sitzt neben mir. Anders als die anderen schultert er keine Kalaschnikow. Mir scheint, dass er eine andere Rolle innehat, vielleicht ist er der Gruppe zugeordnet worden, um mehr Informationen zu bekommen. Ich täusche mich. Das anfängliche Misstrauen, das auch durch den fast paranoiden Verdacht Ajmals genährt wurde, löst sich im Lauf der Stunden auf. Tareq ist ein Kämpfer, ein Scharfschütze, er ist für die Panzerfaust zuständig. Das gibt er selber zu, als ich ihn irgendwann frage, warum er keine Waffe trägt. Ich stelle ihn mir vor, wie er während eines Kampfes mit seiner engelhaften Ruhe die Panzerfaust lädt, zielt und den feindlichen Panzer trifft. Mit seiner kleinen Sonnenbrille starrt er in die Landschaft. Sein Gesicht ist mager und herbe, die Nase spitz, seine dunklen, langen Haare haben einen Stich ins Kupferne, und wenn er lächelt, zeigt er blitzende weiße Zähne. »Wenn du hier bist bei uns«, sagt er in seinem unbeholfenen Englisch, »dann hat Allah das so entschieden. Er wollte dir ein Zeichen geben und dir die Schönheit unseres Landes zeigen, damit du unsere Bräuche kennen lernst und den wahren Sinn des Dschihad erfährst. Ich weiß, es hätte anders kommen können, aber vergiss nicht: Jedes Ereignis im Leben, selbst das allerschlimmste, hat eine versteckte Bedeutung, und zwar meist eine positive. Ich bin sicher: Allah hat dich in den Süden Afghanistans geführt, damit du den Islam der Taliban aus der Nähe miterlebst.«

Mahmud, ein kleiner, nervöser, aber immer zu Ironie aufgelegter Talib, der mich gern provokativ Tony Blair nennt, sitzt in der Mitte der Ladefläche und beobachtet das Gespräch zwischen mir und Tareq. Obwohl wir miteinander reden, ist er nicht misstrauisch, er vertraut seinem Gefährten blind. Außerdem hat er den Sinn des Gesprächs erfasst. »Hast du je eine solche Landschaft gesehen?«, fragt er und breitet die Arme weit aus. »So etwas gibt es sonst nirgends auf der Welt. Das ist das Land der Taliban.« Da hat er Recht: Was ich bei unserer rasanten Fahrt vom Pick-up aus sehe, ist von seltener Schönheit.

Wieder einmal denke ich über die Absurdität meiner derzeitigen Lage nach. Ich bin genau da, wo ich ursprünglich hin wollte. Endlich bin ich mitten in einer Gruppe von Taliban-Mudschaheddin: Ich lebe, spreche, esse und schlafe zusammen mit ihnen. Was ich erlebe, geht weit über ein einfaches Interview hinaus. Ich berühre ihr Leben mit meinen Händen, sehe es mit meinen eigenen Augen, ich verstehe ihre Äußerungen und studiere ihre Bräuche. Ich befinde mich in einer privilegierten Lage, zahle jedoch einen enorm hohen Preis dafür: als Geisel, als Gefangener, der nicht wissen kann, ob er da lebend wieder herauskommt.

Ich mache meinem Herzen bei Tareq Luft, erkläre ihm diesen absurden Widerspruch, diese bittere Wendung des Schicksals: »All das hätte ich gern als freier Mann gemacht. Ich verstehe nicht, warum ihr mich gefangen genommen und entführt habt. War das wirklich nötig? Jetzt wisst ihr genau, wer ich bin, keiner von euch glaubt noch an die Spionagegeschichte. Ihr habt herausgefunden, dass ich ein Journalist bin und damit besten Marktwert für ein Tauschgeschäft biete. Und das hat auch euch aus der Fassung gebracht.« Tareq lächelt. Er greift nach einem Zipfel der Decke, der im Wind flattert, und deckt mich bis zum Hals zu. Er zieht einen langen gelben Turban hervor, der unter diesem Bett von Schlafsäcken und Steppdecken verborgen war, und wickelt ihn mir vorsichtig um den Kopf. Dann löst er ihn wieder und wiederholt den Vorgang, um mir genau zu zeigen, wie es geht. Schließlich rückt er ihn mir zurecht und versichert sich, dass er mich nicht an der Kopfwunde drückt. Er betrachtet befriedigt sein Werk, das von den anderen Soldaten mit Applaus quittiert wird.

Wir reisen acht Stunden am Stück. Dazwischen liegen nur ein paar kurze Halts für die Notdurft, für etwas Abgepacktes zum Essen, um aus großen natürlichen Pfützen Wasser zu holen und den Durst zu stillen, sowie für das regelmäßige Ritual der Gebete. Wir überqueren den Fluss Helmand an derselben Stelle und mit demselben kleinen Kahn wie auf der Hinfahrt. Ich liege wieder unter den Decken und leide genauso wie beim ersten Mal unter der Angst vor einem klaustrophobischen Anfall.

Ich passe mich an, befolge die Befehle, die ich mit einer wohl fast unumgänglichen Komplizenschaft schon vorwegnehme. Für das vorletzte Gebet halten wir kurz vor Sonnenuntergang. Es wird gemeinschaftlich gebetet, der Vorbeter ist Tareq. Ich weiß nicht, wo wir sind, aber sie fragen mich oft danach, allen voran der ranghöchste Talib mit dem Satellitentelefon, der vorn im Fahrerhäuschen mitfährt. Ich schaue mich um und gebe Gebiete und Provinzen an, die ich mir weit entfernt vorstelle, um jeden Verdacht von mir zu weisen. Kandahar, Herat, sogar Iran.

Der Fragende lächelt und sieht die anderen an. Er wundert sich, fragt nach: Iran? Ich nicke, und sie lassen mich sichtbar befriedigt in Ruhe. Ich habe mir die Wege und Richtungen, die Details, Symbole, Bezugspunkte gemerkt. Wir haben uns in Richtung Norden bewegt, sind aber noch weit von Laschkargah entfernt. Bislang ist uns noch keine einzige britische oder afghanische Patrouille begegnet.

Die für die Übernachtung ausgewählte Gegend ist von Mohnfeldern und Wasserläufen gekennzeichnet, die Vegetation ist dichter, die Hügel steinig und sandig, wie sie für Wüstengebiete typisch sind. Kommandant Alì vertraut den Spuren nicht, er fährt weite Umwege, macht Kehrtwenden und gewagte Manöver, bewältigt hohe Kämme und steile Abfahrten schleudernd und mit durchdrehenden Reifen, die uns schließlich viermal im Sand steckenbleiben lassen. Zweimal haben wir einen Platten, und als der Pick-up sich wieder einmal müht, aus einem Loch herauszukommen, kündigt ein trockener Knall an, dass auch der dritte Reifen aufgegeben hat. Der Kommandant steigt aus dem Fahrerhäuschen, kratzt sich den Kopf, betrachtet den Reifen und versucht es mit einer Verzweiflungstat: Er zieht einen kleinen Kompressor hervor, der über die Autobatterie mit Strom versorgt wird. Während sich die Mudschaheddin auf den umliegenden Hügeln verteilen, steht er da und beobachtet den Druckmesser. In der erwartungsvollen, spannungsgeladenen Stille steigt der Druckanzeiger langsam an. Auch wir sollen jetzt vom Pickup herunterklettern. Alle, auch ich, sammeln ihre Kräfte, um aus dieser lächerlichen Lage herauszukommen, die ans Groteske grenzt, aber auch sehr gefährlich ist.

Das Geräusch mehrerer Jeeps in der Ferne versetzt die Soldaten in Alarmbereitschaft. Der Kämpfer, der auf dem am weitesten entfernt liegenden Hügel Wache steht, pfeift und macht den Kamelruf. Es handelt sich um einen – vielleicht britischen – Militärkonvoi. Das ist der erste und letzte, den wir während unserer gesamten Gefangenschaft zu Gesicht bekommen. Er ist weit weg, aber zwei Mudschaheddin drücken mich in den Sand und bedeuten mir mit dem Finger, still zu sein. Ich gehorche mit wild klopfendem Herzen. Innerhalb von wenigen Minuten steigt die Spannung ins Unermessliche. Der Reifen hat jetzt wieder Luft. Wir steigen auf die Ladefläche und fahren, entgegengesetzt zu der Richtung des Konvois, in einen schmalen Einschnitt zwischen drei Sandhügeln.

Die Dunkelheit ist hereingebrochen, wir halten für die Nacht an. Wir werden im Freien schlafen, die Kämpfer fühlen sich sicher. Sie beschließen, ein Feuer anzuzünden, und kochen zum Abendessen die üblichen Kartoffeln mit den üblichen Bohnen und heißen Tee. Ajmal, Sayed und ich bereiten uns unser Nachtlager: mit einer roten Matte und unseren drei Decken. Meine Hände und Füße sind gefesselt. Die Fußgelenke sind durch die Strümpfe geschützt, in denen ich seit sechs Tagen herumlaufe. Ich versuche zu schlafen, rechne nach, wie viele Zigaretten ich noch im Päckchen habe. Ich rauche sehr sparsam. Es ist überhaupt ein Wunder, mitten in der Wüste Zigaretten zu haben. Der Himmel ist in den gewohnten schwarzen Mantel gehüllt und von den gewohnten unglaublichen Sternen erleuchtet. Aber ich bin deprimiert und niedergeschlagen. Ich muss mich an die Vorstellung gewöhnen, dass es eine lange, schwierige Gefangenschaft wird. An jedem unvorhergesehenen Ereignis halte ich mich fest, aus jeder Neuigkeit schöpfe ich Vertrauen und Hoffnung. Ich brauche ein Zeichen, einen Kontakt zur Außenwelt. Ich brauche das Wissen, ob es jemanden gibt, der mich befreien will.

Der Kontakt zur Außenwelt kommt, als ich gerade versuche einzuschlafen. Der Mann mit dem Satellitentelefon tritt zu unserem Lager und fragt mich über Ajmal: »Ist deine Frau schwanger?« Ich schaue ihn überrascht an. Nicht, dass ich wüsste. Aber die Frage ist sonderbar. Mir fällt dazu ein: »Wir hätten noch eine Tochter gewollt, aber wir haben schon vier, jeder zwei. Deshalb haben wir verzichtet.« Der Offizier schnaubt, liest eine Notiz auf einem Zettel und fragt weiter: »Wie sollte diese neue Tochter heißen?« Ich zittere, vor Kälte und vor Aufregung, schlucke, verstehe das Zeichen. Sie suchen nach mir und wollen eine Bestätigung, dass sie es mit der richtigen Gruppe zu tun haben. Es gibt immer zu viele Trittbrettfahrer, vor allem, wenn es um Entführungen geht. Ich nehme meinen Mut zusammen. »Antaya, wir wollten sie Antaya nennen.« Der Mann mit dem Satellitentelefon wiederholt den Namen und versichert sich, dass er ihn richtig ausgesprochen hat. Er entfernt sich, ruft jemanden an und kommt strahlend zu mir zurück. »Antaya«, wiederholt er. »Good, very good.«

Die Mudschaheddin, die auf den Sandhügeln verstreut sind, sich in den Felsspalten versteckt oder am Feuer ausgestreckt haben, hören in feierlichem Schweigen zu. Dann explodieren sie, und der Aufschrei »Antaya! Antaya! Antaya!« hallt zwischen den Felswänden dieses Quartiers unter freiem Himmel wider. Sie schreien, fast wie bei einem Geburtstag, glücklich das Loblied auf einen Namen, der ein Fenster zu einer möglichen Lösung, zu Verhandlungen und Freiheit, zu einem Gefangenentausch öffnet, der von anderen andernorts in der Welt unter Vorgabe bestimmter Bedingungen bereits geplant und vorgeschlagen wird. In jener Welt, von der ich isoliert bin, die ein Netzwerk der Solidarität in Bewegung setzt, von dem ich nicht die geringste Vorstellung habe. Ich weine ergriffen. Der Name Antaya berührt mich tief, er war ein Geheimnis von mir und meiner Frau, ein großer Traum, den wir tage- und nächtelang geträumt haben. Er trifft mich mitten ins Herz. Es ist ein Name, der während meiner Gefangenschaft häufig auftauchen und in allen Herrschaftsgebieten der Taliban Berühmtheit erlangen wird.

Nach dem Fest für Antaya sind alle wie betäubt. Es ist Sonntag, der 11. März. Wir schlafen wenig und schlecht und wachen erst auf, als die Sonne schon aufgegangen ist. Jetzt, wo die Glückseligkeit des Vorabends verschwunden ist, überfällt mich wieder ein Gefühl der Beklemmung: Ich kann mich einfach nicht an die Ketten um die Handgelenke gewöhnen. Ich liege noch am Feuer, in meine Decke gewickelt, als der Tee kommt und ich mit einem Mal einen Wutanfall bekomme, den ich nicht unterdrücken kann. Ich weigere mich zu frühstücken und kehre Tareq, der mit meinem Glas und einem Stück Brot in den Händen stehen bleibt, gekränkt den Rücken zu. Die Taliban beobachten die Szene und treten beunruhigt herbei, respektieren jedoch meine Bitterkeit. Sie fragen halblaut, was ich habe, warum ich mein Essen verweigere. Ajmal übersetzt, was ich mit harter Stimme erkläre: »Ich habe es satt, wegen der Ketten meine Hände nicht bewegen zu können. Eine solche Behandlung akzeptiere ich nicht.« Ich füge hinzu: »Ich bin ein Journalist und kein Soldat.«

Tareq lässt mich reden, antwortet, dass meine Hände bald frei sein werden, nimmt aus einer Seitentasche seiner Jacke ein Döschen Tigerbalsam und reibt mir an beiden Armen den Puls damit ein. Diese kühlende Massage tut mir gut, die Salbe macht die Haut weicher, die Druckstellen von den Kettengliedern und lauter kleine Blutergüsse aufweist. Ich bin kein nachtragender Mensch und kann die beleidigte Leberwurst nicht lange weiterspielen: Ich trinke den Tee und kaue meine Portion altbackenes Brot.

Kommandant Alì ist unter den Pick-up gekrochen und bearbeitet den beschädigten Reifen, der schon wieder platt ist. Der Kompressor hat den Schaden nur noch ausgeweitet: Durch das stundenlange Pumpen ist die Batterie jetzt alle, der Wagen startet nicht mehr. Wir stecken, zu Fuß und völlig isoliert, mitten in der Wüste fest. Ich hebe die Augen zum

Himmel, lächle und denke: Mein Vater, der im letzten Sommer gestorben ist, macht als guter Seemann meinen Entführern das Leben schwer. Er hat Sandstürme entfacht, uns stranden lassen, drei Reifen und jetzt noch den ganzen Pick-up platt gemacht.

Aber die Taliban haben überall ihre Freunde und Anhänger. Sie sind die Herren über die Gebiete, die sie kontrollieren. Sie ersetzen die Polizei, nehmen Verhaftungen vor, sprechen Urteile aus und vollstrecken sie gemäß dem Diktat der Scharia in der Öffentlichkeit. Außerdem vermitteln sie bei sozialen oder privaten Streitigkeiten. Die Bevölkerung akzeptiert die Rolle, die sie spielen, und hilft ihnen, wenn sie in Schwierigkeiten stecken. Ein Anruf mit dem Satellitentelefon genügt, und innerhalb einer Stunde ist schon ein Bauer mit einem Traktor da.

Ich bleibe ausgestreckt an meinem Platz liegen, unter der Decke bin ich nicht zu sehen. Der Bauer rangiert ein paar Mal hin und her und ruft dabei etwas mit einer rauen Stimme, die ich später in unserem neuen Gefängnis wiedererkenne, dem siebten, wo wir die Nacht verbringen. Nach ein paar launischen Aussetzern, die durch die an beide Batterien angeschlossenen Kabel schnell ein Ende finden, brummt der Motor des Pick-ups wieder.

Es geht also weiter, immer noch nach Norden, durch jungfräulich unberührte Wüstengegenden. Wir erklimmen eine Gruppe von Hügeln aus Erde, Steinen und Sand und sehen von hier oben einen aus zwei großen Häusern und einem Getreidespeicher bestehenden Bauernhof. Er liegt in der Mitte einer weiträumigen Mohnanbaufläche, ein paar Kühe weiden ganz in der Nähe auf einer Wiese, in einem abgezäunten Gehege befindet sich eine Herde von Schafen und Lämmern. Wir fahren einen Hang herunter, an dem wir uns fast überschlagen und bleiben genau vor dem Eingang zu dem Speicher stehen. Die Soldaten positionieren sich im Kreis und stellen absichtlich ein solches Durcheinander an, dass die Menschen dieser kleinen Ansiedlung uns Gefangene nicht weiter beachten. Sobald wir abgestiegen sind, befehlen sie mir, den Turban immer zu tragen und das Gesicht hinter einem grünen Schal zu verstecken, von dem ich mich nicht mehr trennen werde.

Ich trete in einen fensterlosen Raum mit natürlichem Erdboden und vier dicken Mauern aus Lehm und Stroh. Nur in der Decke ist ein Loch, durch das Luft herein kommt. Die Taliban greifen nach einer breiten grünen Matte mit weißen Stickereien und legen sie auf dem Boden aus. Wir lassen uns alle ringsum an den Wänden nieder und verwandeln diesen Getreidespeicher so in ein Wohnzimmer, in dem wir essen und schlafen werden. Ich kauere mich in der entferntesten und verstecktesten Ecke nieder. Ich sage kein Wort, grüße nicht, reagiere auch auf Witze, Lachen oder Bemerkungen über mich mit Gleichmut. Unweigerlich ziehe ich das Interesse des Bauern und seiner großen und kleinen Söhne auf mich, die zwischen dem Bauernhaus und dem Speicher hin- und herlaufen mit Tabletts voller Teetassen, Süßigkeiten und Schalen mit in Kamelmilch getränktem Brot.

Der Bauer ist zuvorkommend, informiert sich über den Krieg und die Kämpfe weiter im Norden, zur Frontlinie hin. Es scheint, als würde er mit den Taliban sympathisieren, als wäre er auf ihrer Seite. Aber Ajmal erklärt mir in einem der seltenen Augenblicke, wo ich ihn entspannter und weniger verschlossen erlebe, dass er in Wahrheit Angst hat. »Diese Leute sind nicht zimperlich«, sagt der Dolmetscher, »sie sind hergekommen und haben ihm einfach vor Tatsachen gestellt: Heute Nacht bleiben wir hier, der Raum ist beschlagnahmt, mach uns was zu essen.« Dem Bauern blieb also gar nichts anderes übrig, als zu gehorchen. Die Taliban sehen, dass er sanftmütig und ergeben ist. Vielleicht erlauben sie mir deshalb, auf seine ständigen Fragen an mich zu antworten. Hier höre ich nach langer Zeit zum ersten Mal wieder das Wort Spion: Es ist eine Ausrede, an die unsere Geiselnehmer nicht mehr glauben, die sie unserem Gastgeber gegenüber aber noch sinnvoll einsetzen können.

Den Rest des Nachmittags verbringen wir eingesperrt in dem Getreidespeicher. Viele schlafen, andere vertreiben sich die Wartezeit damit, dass sie ihre Waffen reinigen. Sie tun es mit viel Geschick und und großer Fertigkeit: Stück für Stück nehmen sie ihre Kalaschnikows auseinander, polieren sie mit ölgetränkten Lappen, entfernen Staub, Sand und andere Unreinheiten mit einem an einer Schnur hängenden Wollbüschel, stellen das Visier neu ein und polieren die alten, abgesplitterten Gewehrkolben mit einem weiteren Öl. Sie haben nicht viele Werkzeuge, geben Lappen und Staubwedel widerspruchslos einander weiter, ganz und gar konzentriert auf eine Arbeit, die ihnen sehr wichtig ist. Die Waffen behandeln sie mit Hingabe, es sind ihre Lebensgefährtinnen. Sie schlafen mit ihnen, nehmen sie mit unter ihre Decken und in ihre Schlafsäcke.

Unter einem feinen Nieselregen, der fast wie Dunst aussieht, geht kurz vor Sonnenuntergang die kleine Eisentür weit auf, und der große Chef tritt ein, gefolgt von einem zweiten Mann. Alle stehen auf, grüßen ehrerbietig mit ausgestreckten Armen, gesenktem Blick und den üblichen Phrasen, die das Ritual aller Begegnungen kennzeichnen. Der Chef schaut mich an, lächelt und stellt sich vor. Sein Name ist Haji Lalai. Er ist der Militärkommandant der Taliban in den Zentralbezirken der Provinz Helmand. Seit Tagen wollte er mich sehen, er hat Nachforschungen über mich angestellt und kann jetzt bestätigen, dass ich Journalist bin. Er ist der Regisseur, der die Fäden der Entführung in der Hand hält. Seine Anwesenheit, aber auch seine feinen Umgangsformen, seine Sprache und die Kenntnis des Englischen bestätigen mir, dass die Organisation unserer Geiselhaft einer höheren Führungsebene anvertraut worden ist.

Der Beweis erfolgt am nächsten Tag, als die ganze Gruppe Soldaten verschwindet, um sich wieder auf die Schlachtfelder zu begeben, und junge Männer zu uns kommen, die weniger für den Gebrauch von Waffen trainiert sind, dafür aber umso mehr von Verhören und der Versorgung von Gefangenen verstehen.

Haji Lalai, den ich *commandant* nenne, genau wie sie es auf Paschtu tun, informiert sich über meinen Zustand, betrachtet die Wunde von nahem und entschuldigt sich für die Behandlung, die mir zuteil geworden ist. Er bittet mich, Geduld zu haben und teilt mir mit, dass wir noch zwei bis drei Wochen lang ihre Gäste sein werden. Auf das Wort »Gäste« legt er Wert. Er verhält sich feinfühlig, scharfsinnig und ist immer auf Förmlichkeit bedacht. Er ist ein intelligenter Mann mit einem langen, leicht ovalen Gesicht und einem schwarzen, gestutzten und gekämmten Bart. Die Brille mit den gelben Gläsern gleicht eine Kurzsichtigkeit aus und schützt die Augen vor der Sonne. Seine Hände sind gepflegt, er ist groß und schlank mit breiten Schultern. Die Kleidung ist elegant: Er trägt einen hellbraunen Schalwar und abwechselnd einen weißen oder einen grau-schwarzen Turban. Er kennt nicht nur Afghanistan, ist in der Welt herumgekommen. Er hat ein Faible für die allerneueste Technologie und telefoniert mit einem Satellitentelefon mit Freisprechanlage, während er lächelnd auf der Seite liegt und eine Reihe von perfekten, strahlend weißen Zähnen zeigt.

Dann kommt der Moment des Gebets, das von allen auf einem Teppich von Schals rezitiert wird, die den gesamten Boden des Speichers bedecken. Natürlich ist er, der *commandant*, der Vorbeter. Die Pausen skandiert er sehr genau, seine Bewegungen sind maßvoll. Diesmal dauert das Ritual länger, ganz besonders der Teil, der den persönlichen Anrufungen gewidmet ist.

Danach wird wieder Tee getrunken, ein wenig geredet, schließlich geschlafen. Der Raum ist voll. Ich bin zu aufgeregt, um müde zu sein. Die Anwesenheit des großen Chefs beunruhigt mich, ich traue seinen Schmeicheleien nicht. Meinem Gefühl nach ist die Geiselnahme in einer heiklen Phase, und ich habe keine Ahnung, wie es weitergehen könnte. In der Nacht sehe ich die Wachwechsel, die Taliban, die je nach Schicht aufstehen oder sich hinlegen. Alles geht in absoluter Stille vor sich. Nur einmal höre ich einen der Burschen, die in der Mitte dieses Schlafsaales liegen, schreien, er träumt von Kämpfen und Schlachten. Er ruft mehrfach »Allah Akbar« mit einer Stimme, die Angst macht, und mit einer Inbrunst, die mich beeindruckt: Selbst in ihren Träumen denken diese Menschen ans Martyrium.

Das Geheimnis der Videos

Wir sind Geiseln, kostbare Tauschobjekte. Ich brauche ein Vertrauenssignal und halte mich verzweifelt an dem Zeitlimit von zwei bis drei Wochen fest, das Haji Lalai mir für unsere Gefangenschaft angegeben hat. Mit den Mechanismen von Entführungen und Verhandlungen zeige ich mich vertraut. Ich frage Haji Lalai nach seinem Alter, denn das ist ein Faktor von Gewicht in den Stammesbeziehungen. Er wird im Juni 29. Ich gratuliere ihm zu seinem Rang und dazu, dass er die militärische Verantwortung für eine so große Provinz trägt, füge aber hinzu, dass er noch jung, sehr jung sei. Ich sei 52; entsprechend der Tradition und den guten Manieren fordere ich deshalb Respekt ein. Vor allem verlange ich eine andere Art des Umgangs und Gespräche über anspruchsvollere Themen sowie die Berücksichtigung der Tatsache, dass er Anführer von Hunderten von Soldaten ist, während ich ein Journalist bin, der hier Kopf und Kragen riskiert. Ich beklage mich, protestiere wegen der Falle, die man mir gestellt hat, frage nach dem berühmten Anführer der Taliban, den wir hätten interviewen sollen und der angeblich verhaftet worden ist.

Der *commandant* hört mir zu, äußert sich aber nur vage. Ohne große Überzeugungskraft bringt er vor, was uns von Anfang an vorgeworfen wurde: Wir seien illegal in ein von der Bewegung der Koranschüler kontrolliertes Territorium eingedrungen. Ich frage mich, ob Ajmal die richtige Person kontaktiert hat. Inzwischen stelle ich alles in Frage, ich fühle mich sehr allein.

Am nächsten Tag, Montag, dem 12. März, greift der Chef nach einem Handy, einem neuen Modell mit einer kleinen, integrierten Videokamera. Er schaltet es ein, hält es mir vors Gesicht und fängt nach einigen Schwierigkeiten an zu filmen. Dann betrachtet er die gemachte Aufnahme, schaltet das Handy aus und steckt es sich in die Westentasche unter der Militärjacke. Aus einer Ecke holt er eine Tasche, in der sich eine Videokamera von Sony befindet. Er schaltet auch diese ein, aber hier hat er noch größere Schwierigkeiten. Ich zeige ihm die Hauptfunktionen, sehe, dass auch ein kleines integriertes Blitzlicht aktiviert ist und rate ihm, es auszuschalten, damit er Licht und Farben besser dosieren kann.

Ich helfe ihm gern, in dem Bestreben, alles zu beschleunigen, was zur Eröffnung von Verhandlungen führen kann. Ich möchte so schnell wie möglich hier herauskommen, glaube an die Möglichkeit, wieder frei zu kommen, an das Risiko, dass wir umgebracht werden könnten, denke ich nicht mehr. Ich setze auf die Bedeutung, die wir als Geiseln haben, und auf die Tatsache, dass diese Leute uns lebendig brauchen: Wir sind die Karte, die sie ziehen können, um ein Ergebnis zu erzielen. So viel Mühe, so viele Opfer, so viele Männer, die sich ausschließlich um unsere Geiselhaft kümmern und damit dem bewaffneten Kampf nicht zur Verfügung stehen: Das wäre alles umsonst gewesen, wenn sie die Gefangenen töten würden. Es wäre nicht nur kontraproduktiv, sondern auch dumm. Ich spreche später mit Ajmal über die möglichen Taktiken und Strategien und die Schachzüge unserer Gegner. Mein Dolmetscher, der in seinem Misstrauen gefangen und von der Vorstellung gequält ist, er könnte zu viele Details über sich enthüllen, entscheidet sich für einen anderen Weg als ich. Er setzt auf das Schweigen. Er sieht sich die ganze Zeit in Lebensgefahr.

Auch jetzt zeigt sich Ajmal misstrauisch, als er die Dinge, die wir auf Wunsch des *commandant* im Video sagen sollen, notiert. Name, Nachname, die Namen des Vaters und der Mutter, Geburtsort und -datum, Appell an die italienische und die afghanische Regierung, sie mögen den Forderungen unserer Entführer entsprechen.

Haji Lalai bereitet die Szene sorgfältig vor: Er wickelt mir den grünen Schal um den Kopf und versichert sich, dass man die Wunde, die mit einem großen, mit inzwischen geronnenem Blut vollgesogenen Stück Watte bedeckt ist, nicht sehen kann. Ich soll mich vor die Eingangstür zum Speicher setzen, wo mein Gesicht von rotem Morgenlicht angestrahlt wird. Den Sinn der Aktion verstehe ich nicht. Der Kommandant hat mir mit Ajmals Hilfe die Liste der Forderungen aufgezählt, die er zu erheben beabsichtigt. Wir haben darüber diskutiert. Ich habe ihm einiges sofort ausreden können: unmöglich, den Rückzug der italienischen Truppen zu fordern, denn das hatte Premierminister Romano Prodi bereits ausgeschlossen. Bezüglich Guantanamo kann meine Regierung sich nicht einmischen, denn wie die meisten UN-Mitgliedsländer betrachtet Italien es als illegales Gefängnis; wenig Hoffnung auch in Bezug auf die Militärbasis von Bagram, die einerseits unter der Kontrolle der Amerikaner, andererseits aber unter der Hoheit der afghanischen Regierung steht. Unsere Soldaten hätten in Afghanistan eine präzise Aufgabe, erklärte ich ihm, sie hätten eine Friedensmission, dürften nicht schießen, so lange sie nicht angegriffen würden, und auch dann nur unter bestimmten Bedingungen, sie sollten sich um die Ordnung kümmern und der Zivilbevölkerung Unterstützung bieten. Ihre »caveat« seien sehr präzise, betone ich zum Schluss.

»Caveat« ist ein Wort, das Haji Lalai so gut kennt, dass er dazu genickt hat. »Wir werden einen Gefangenentausch fordern«, hat er abschließend lakonisch bemerkt.

Ich lese die von Ajmal auf Englisch notierte Liste vor, tue es allerdings mit wenig Enthusiasmus. Mir scheint, dass es nur darum geht, den Sichtbeweis zu liefern, dass ich noch am Leben bin. Antaya ist das Schlüsselwort, das bestätigt hat, in wessen Händen ich bin, und das Video beweist, dass sie mich noch nicht umgebracht haben. Sie bitten mich, auch an meine Familie eine Botschaft zu senden. Diesmal gebe ich mir mehr Mühe und versuche vor allem, Gelassenheit mit einem winzigen Schuss Ironie zu vermitteln, der meinen Kindern nicht entgehen wird.

Dann ist Ajmal dran. Er liest dieselbe Liste vor, tut es jedoch mit offensichtlicher Angst, sein Gesicht verrät all seine Furcht. Vielleicht weiß er besser, mit wem wir es zu tun haben.

Rätselhaft wird es wenige Stunden später, als ich – eingesperrt in die neue Zelle – auf einige Entfernung die englischen Nachrichten der BBC aufschnappe. Durch das Taschenradio der zweiten Wachtruppe erfahre ich, dass das Video dort eingegangen ist. Man berichtet von dem Eindruck, den ich dort mache, was ich sage und dass ich mit ruhiger, entspannter Stimme spreche. Dann wird präzisiert: »Der Tonfall des afghanischen Journalisten und Dolmetschers ist sehr viel dramatischer, auf seinem Gesicht liest man Angst und Anspannung.«

Bis zum Tag meiner Freilassung werde ich überzeugt sein, dass der Kommandant beide Videos veröffentlicht hat, doch dem ist nicht so, wie sich herausstellen wird.

Es sind schon alle wach, als ich am Morgen des neunten Tages unserer Gefangenschaft die Augen öffne. Ich habe die Kalendertage im Kopf behalten: Heute ist Dienstag, der 13. März. Meine Handgelenke stecken noch immer in Ketten, aber der Tigerbalsam hat mir gut getan und den Schmerz gelindert. Zusammen mit Ajmal und Sayed gehe ich mit kleinen Schritten hinaus, mit den zusammengeketteten Füßen watscheln wir leicht schaukelnd wie Enten umher. Die anderen sind um ein großes Feuer versammelt, das der Bauer angezündet hat. Sie reden und schreien aufgeregt und fröhlich wie immer herum.

Der *commandant* lädt mich mit einer Handbewegung ein, zu ihm zu kommen, hält mir ein Stück Brot und eine heiße Tasse Tee mit Kamelmilch hin und rät mir, mich aufzuwärmen. »How are you?«, fragt er und fügt sofort die Übersetzung auf Paschtu hinzu, das er mir beibringen will: »Shan gai?« Ich nicke mit dem Kopf und antworte: »Well, more or less«, mehr oder weniger gut. Aber ich schaue traurig drein, bin nicht zu Scherzen aufgelegt. Unsere Gefangenschaft beunruhigt und belastet mich weiterhin.

Sie haben schon alle ein Stück entfernt, hinter einem kleinen Palmenhain, gebetet. Wir können losfahren. Es werde eine lange Reise, sagen sie. Ich bete mit aller Kraft zu Gott, bitte ihn um Energie und Vertrauen. Jetzt sind wir 25 Mann mit zwei Pick-ups des gleichen Typs, in der gleichen Farbe und mit den gleichen Seitenstreifen. Ich stelle fest, dass bei dem Wagen von Haji Lalai, der mit sechs Gefolgsmännern im Bauernhof eingetroffen ist, der hintere Stoßdämpfer kaputt ist. Ein Teil der Stahlstangen, die das Heck schützen, fehlt. Er hat kein Nummernschild, das Licht des einen vorderen Scheinwerfers ist durchgebrannt. Die Truppe von Soldaten, die bisher über uns gewacht haben, springt auf die Ladefläche des alten Pick-ups, bei uns bleiben nur Tareq und Mahmud, der Talib, der mich provokativ Tony Blair nennt.

Der *commandant* setzt sich ans Steuer und rast in voller Geschwindigkeit auf die im Nordwesten liegende Wüste zu. Endlich reisen wir, obwohl noch immer in Ketten, bequem, denn es gibt genug Platz, um die Beine auszustrecken, Decken fangen die Stöße ab. Haji Lalai fährt sicherer, Erhebungen und Sanddünen vermeidet er sorgsam. Die beiden Fahrer fordern sich gegenseitig heraus, am Steuer des anderen Pick-ups sitzt der kleine, rundliche Kommandant Alì, der Verrückte von der Hinfahrt. Das Wettrennen wird begleitet von Schreien, Witzen und Rufen, wenn uns ein wildes Tier in den Weg läuft. Der Dauerwitz ist das Wort »hush«, was auf Paschtu Kamel heißt. Wir begegnen ganzen Herden mit Dutzenden von Kamelen, die in dieser riesigen, nur von kleinen Teichen und Sträuchern durchsetzen Wüste frei herumziehen. Dem Wort für Kamel folgt unausweichlich und unter allgemeiner Heiterkeit der Name des US-Präsidenten: »Hush-Bush«, sowie ein ordentliches, deftiges Ausspucken. Jeder gläubige Muslim speit während des Ramadan seinen Speichel aus, um ihn nicht herunter schlucken zu müssen. Die Taliban jedoch tun das ständig, mit einem gutturalen Geräusch, das ich irgendwann nicht mehr ertragen kann. Ich werde mich dann, vor allem in den Innenhöfen unserer Gefängnisse, jedes Mal wegdrehen.

Wir fahren immer schneller, drehen ganz nach Westen ab und durchschneiden die durch die Wüste gespurten Pisten. Im Hintergrund sehe ich am Horizont die Konturen eines großen schwarzen Gebirges, einsam aufragend inmitten dieser Ebene aus Steinen und Erde, mit seltenen Vegetationsbüscheln, die kleine sumpfige Oasen bilden. Mahmud fragt Ajmal über Dinge aus, die ihn interessieren. Er will wissen, wie die Mädchen in Kabul sind, ob Ajmal häufig welche trifft, ob er mit ihnen ins Bett geht. Auch, ob es Kinos gibt und ob die Leute fernsehen. Er möchte das Kabul von heute mit dem

Kabul vergleichen, das er während des Taliban-Regimes kennen gelernt hat.

Tareq sitzt neben mir, fixiert den Horizont vor uns und fängt an, eine Sure aus dem Koran zu rezitieren. Sein Gebet dauert mindestens 15 Minuten ohne Unterbrechung, nur zum Luft holen macht er kurze Pausen. Am Ende senkt er den Kopf zu meiner Brust und bläst mir aufs Herz. Er schaut mich an und erklärt: »Wenn du diese Verse aus dem Koran hörst, dann erinnere dich: Sie sind Ausdruck von Freundschaft und Unterstützung. Ich habe dir alle Energie von Allah übertragen, damit du vor Feinden und Gefahren geschützt bist. Ich bin überzeugt, dass dir das helfen wird. Du wirst nach Hause zurückkehren und deine Frau und deine Kinder wiedersehen. Eines Tages werden wir uns wiedertreffen. Dass du hier bist, ist ein Zeichen, aber Er«, fügt er hinzu und zeigt mit einem Finger zum Himmel, »hat beschlossen, dass du der Außenwelt Bericht erstatten sollst.«

Ich bin fast gerührt. Ich will gern glauben, dass Tareq es ehrlich meint. Dass er grausam und entschieden ist im Kampf, aber vielleicht doch fähig zu Menschlichkeit. Er schenkt mir ein seltsames Bonbon, das in Gaze eingewickelt ist und das ich mir unter die Oberlippe schieben soll: Es ist eine weniger starke Version des grünen Pulvers, das die Soldaten verwenden und in ihren Silberdöschen aufbewahren. Es hat nicht die Wirkung einer Droge auf mich. Stattdessen habe ich plötzlich einen intensiven Anisgeschmack im Mund. Ich fühle mich beruhigt, aber vielleicht ist das auch nur Einbildung. Bei Entführungen – so sage ich mir, um mich sozusagen innerlich zu wappnen – ist es immer so: Unter den Entführern gibt es die einen, die in die Rolle des Bösen schlüpfen, und andere in der Rolle des Guten. Es scheint mir lebensnotwendig, mir das immer wieder vor Augen zu halten.

Wir bleiben ein paar Minuten am Rand eines Dorfes stehen, weil Haji Lalai sich per Satellitentelefon versichern will, dass die Straße frei von Straßensperren oder Konvois der britischen Streitkräfte ist. Über den gelben Turban, den ich mir inzwischen gekonnt selbst um den Kopf wickle, decken sie mir den grünen Schal und bitten mich, mich unter der Schicht Decken zu verstecken. An Bord eines Schleppers überqueren wir einen Fluss. Ich höre Geräusche, aufgeregte Stimmen, dann Stille. Als ich nach etwa zehn Minuten aus der Schicht Decken emportauche, hat sich der Pick-up des *commandant* schon in der entgegengesetzten Richtung, nach Osten, entfernt. Auf der Ladefläche sind nur noch Sayed, Ajmal und ich. Die anderen sind verschwunden, sie haben sich in Nichts aufgelöst. Nicht einmal für einen Gruß hat die Zeit gereicht. Die fünfzehn Taliban, mit denen wir eine Woche verbracht haben, sind an die Front beordert,wie mir Haji Lalai später erklären wird: Unsere Bewachung bindet Kräfte, die sie für den Krieg benötigen. Er gibt mir zu verstehen, dass die Gruppe in Schwierigkeiten steckt und die Sache schnell zu einem Abschluss kommen muss. Wir sind weiterhin Gefangene, werden ihnen jetzt aber zu einer Last.

Wir fahren an der Wüste entlang, biegen nach Norden ab und nähern uns dem Gebiet, in dem wir weitere sieben Tage verbringen werden. Im Fahrerhäuschen sitzen jetzt zusammen mit dem Kommandanten zwei Leute, die ich noch nie gesehen habe. Ein robuster Mann um die 30, der sich als einer der Anführer der Gruppe herausstellt, die uns entführt hat. Er heißt Ali Ahmad und ist Militärkommandant des Bezirks von Garmser mitten in Helmand. Der andere ist ein junger Mann, der für unsere Bewachung zuständig sein wird.

Ich bin überrascht: Da nur wenige Leute zu unserer Bewachung übrig geblieben sind, müssen wir uns in einem Territorium befinden, in dem sie sich sicherer fühlen und auf Hilfe und Unterstützung verlassen können. Jeder der drei Taliban im Fahrerhäuschen hat eine Kalaschnikow. Die von Haji Lalai ist in extrem gutem Zustand. Er trennt sich nie von ihr, und ich werde sie mehrfach aus der Nähe betrachten können. Der Schaft, der Gewehrkolben und das Magazin sind aus einem dunklen Holz mit etwas hellerer Maserung. Der Lauf ist vergoldet und wird zur Öffnung hin größer. Die MP stammt aus russischer Herstellung, wird er mir während einer unserer langen nächtlichen Diskussionen erzählen. Das sind oft harte Konfrontationen, in denen ich durchaus auch laut werde, ernsthaftere Anstrengungen und realisierbare Vorschläge fordere, damit die Verhandlungen, die andernorts stattfinden, zu einem Ende kommen können.

Eine ganze Woche lang versuche ich, mit dem *commandant* so etwas wie eine Verhandlung zu führen, was ein schier unmögliches Vorhaben ist. Immerhin erfahre ich so, welche Forderungen die Taliban gestellt haben und was abgelehnt oder bedingt akzeptiert wurde.

Ajmal übersetzt nicht mehr für mich, er beschränkt sich darauf, mir das Wesentliche mitzuteilen. Ich fühle mich von ihm im Stich gelassen und mache ihn – in den trostlosen Nächten, in denen ich, eingehüllt in die Dunkelheit und die Stille, die Decke anstarre – darauf mehrmals aufmerksam, entweder in heftigen Gefühlsausbrüchen oder in Momenten der Euphorie. Aber anstatt nachzugeben, unterbricht er mich jedes Mal mit einem Satz, der keine Widerrede erlaubt: »Sie wollen nicht, dass wir reden, sie sind weiterhin misstrauisch.«

Wir verlassen die Wüste und stoßen in ein Gebiet vor, das voller Schlafmohnfelder ist. Hektar um Hektar, in Terrassen angelegt, und mit einem ganzen Netz von kleinen Bewässerungskanälen. Wie ich später herausfinde, befinden wir uns jetzt zwischen Garmser und Khanashin, mitten im Herzen des von den Taliban kontrollierten Territoriums. Das Geräusch der Saugpumpen, die das Wasser aus dem Fluss Helmand auf die Felder pumpen, bildet die sonore Untermalung der Landschaft. Kleine Dörfer, Häusergruppen und Läden sind über die große fruchtbare Ebene verteilt. Der Geldfluss stammt in der Hauptsache aus der Produktion und dem Verkauf von Opium.

Ali Ahmad, Haji Lalais rechte Hand, wird mir eines Tages erklären, dass Helmand die reichste Provinz von ganz Afghanistan sei und dass von hier die härtesten und mutigsten Mudschaheddin der Bewegung der Koranschüler kämen. Kandahar sei von dem Mythos um Mullah Omar geprägt, Laschkargah von dem der im Kampf gestorbenen Märtyrer.

Wir fahren auf nicht asphaltierten Straßen an den Schlafmohnfeldern entlang und halten vor einer kleinen Moschee, die an eine Schule grenzt. Sie wurde vor einigen Jahren in eine Madrassa umgewandelt, dann durch die Bombardements zerstört und besteht jetzt nur noch aus einem Haufen Schutt. Die Taliban haben beschlossen, sie in diesem Zustand zu lassen. Sie dient ihnen als ein Beweis dafür, dass die Amerikaner die Zivilbevölkerung angreifen. Die Anführer der Gruppe, die uns entführt hat, werden mich oft darauf aufmerksam machen. Bei unseren Umzügen kommen wir mehrfach an dieser Schule vorbei, die noch vor Mullah Omars Regime gebaut wurde.

Immer wenn ich sie sehe, denke ich über die Absurdität der Taliban-Propaganda nach: Bei ihren Überfällen auf die abgelegensten und ärmsten Dörfer Afghanistans haben sie alle Schulen abgebrannt, weil sie nachdrücklich gegen jede Schulbildung waren. Hier in den von ihnen kontrollierten Gebieten verherrlichen sie sie nun geradezu und stellen sie zur Schau, um der Welt die von der feindlichen Luftwaffe angerichteten Schäden zu zeigen.

Stundenlang warten wir am Straßenrand vor der Moschee. Dabei müssen wir unter den Decken versteckt bleiben, die immer noch in einem Haufen auf der Ladefläche des Pick-ups liegen. Immer wenn ich das Gefühl habe, keine Luft mehr zu bekommen, hebe ich einen Deckenzipfel, atme tief durch und schaue mich um. Ajmal und Sayed bleiben unbeweglich liegen. Es scheint, als schliefen sie. Die Warterei dauert unendlich lange. Dann setzt sich der Pick-up plötzlich noch einmal in Bewegung.

Weiter geht es über grasbewachsene Wege, die sich alle gleichen, über eine Brücke an einem Staudamm vorbei. Als wir anhalten, fordert uns der Kommandant auf abzusteigen. Nach ein paar Minuten kommt ein Toyota Corolla, an dessen Steuer ein Mann um die 30 sitzt. Seinen Namen werde ich nie erfahren. Er ist der Besitzer eines Stückes Land mit einem Haus und Schlafmohnanbau ringsum, ein Talib, der den üblichen grau-schwarzen Turban und das traditionelle dunkle Gewand dazu trägt. Zusammen mit Ali Ahmad und unserem jungen Aufseher, der den Trupp Soldaten ersetzt hat, steigen wir in sein Auto. Haji Lalai verschwindet mit seinem Pick-up in der Wüste.

Als wir das Haus des Talib erreichen, werden wir in einen hohen Raum verfrachtet, dessen Wände mit einer dünnen Zementschicht verspachtelt sind, ausgestattet mit einer großen Matte, die uns als Bett dienen wird. Es gibt auch rote Samtkissen. Zum ersten Mal werden wir an einem trockenen, sauberen Ort schlafen. Aber auch dies ist nur ein provisorisches Gefängnis, die Gruppe ist nicht auf Entführungen eingestellt und hat keinen sicheren Standort. Aus Angst, abgehört zu werden, werden ständig die SIM-Karten der Satellitentelefone ausgewechselt.

Vor allem meine Anwesenheit bereitet den Taliban Probleme: Mein fremdländisches Aussehen und die Tatsache, dass sich meine Gefangennahme in und außerhalb von Afghanistan herumgesprochen hat, erhöhen das Risiko, dass mich irgendein Bauer aus den Dörfern hier erkennen könnte. Unsere Aufpasser müssen mich bei Gesundheit halten, mich ernähren, meine Wunde versorgen, mich aber auch vor den Blicken anderer verstecken. Alle fünf Gefängnisse, in den wir in den nächsten sechs Tagen unterkommen, werden von hohen Mauern umgeben sein.

Wir essen weißen Reis mit Butter, seit unserer Entführung das erste wirklich gekochte Gericht. Der feine Geschmack überfällt meine Sinne mit einer wahren Gefühlsexplosion. In der Nacht träume ich von Insalata caprese mit frischer, von dem herben und zugleich süßlichen Geschmack der Tomate durchdrungener Büffel-Mozzarella. Ich habe Hunger, zu essen gibt es wenig. Ich habe sehr abgenommen und fühle mich dehydriert: Die vielen Tage und Nächte in der Wüste haben mich ausgetrocknet.

Ich zähle noch immer die Tage. Es ist Mittwoch, der 14. März. Wie immer werden wir unsanft geweckt. Unser junger Gefängniswärter erscheint und teilt uns mit, dass es Zeit fürs Gebet ist. Ajmal und Sayed, die immer weniger sprechen, gehen hinaus und lassen mich noch etwas schlafen. Ich bin faul und lustlos, meine psychische und physische Müdigkeit scheint schier unüberwindlich. Ich habe so viele Details, zu viele Details – Dinge, Klänge, Worte – im Kopf. Die Wunde ist dabei zu vernarben, tut aber noch weh. Wir trinken wie immer Tee und essen Brot, das ausnahmsweise frisch und kross ist. Ich bitte darum, dass die Zellentür offen bleibt, was zum Glück bewilligt wird, denn meine Klaustrophobie hat sich zu einer Psychose entwickelt. Wir befinden uns in einem gepflegten Garten, dessen Wege und Beete frei von Unkraut sind.

Am späten Vormittag lässt sich Haji Lalai blicken. Er grüßt mich und Ajmal auf Englisch und wirft einen finsteren Blick auf den Fahrer. Er erkundigt sich nach unserer körperlichen und seelischen Verfassung und verspricht, dass es nicht mehr lange dauern wird und wir bald, sehr bald wieder nach Hause zurückkehren können. Ajmal traut ihm nicht über den Weg. Auch ich traue ihm nicht, will ihn aber auf seine Prognose festnageln. Ich hake nach: »Bald? Wie bald?« Er hebt die Arme und hält die Hände auf 20 Zentimeter Abstand zueinander. »Wir sind einer Einigung ganz nahe«, präzisiert er. Ich interpretiere das als den Beginn von Verhandlungen: Die andere Seite, die sich für unsere Befreiung einsetzt, muss sich zu einem Dialog bereit erklärt haben. Sie scheint nicht – wie befürchtet – gemauert zu haben.

Der Kommandant befiehlt, mir die Ketten von den Handgelenken abzunehmen. Ich kann es kaum glauben: Zum ersten Mal nach sieben Tagen echter Qual kann ich die Arme bewegen und ausbreiten. Er ruft mich und Ajmal aus der Zelle heraus und fragt uns etwas ratlos: »Und Claudio? Wer ist dieser Claudio? Er hat mich angerufen, vielleicht kennt ihr ihn.« Für einen Moment bleibt mir das Herz stehen, mein Blick leuchtet auf. Ich denke an Ajmals Freund, den freien Journalisten Claudio Franco, von dem mir Ajmal in Kabul so viel erzählt hatte, als wir unsere Reise nach Laschkargah und das Interview mit dem Militärkommandanten der Taliban vorbereiteten. Ich kenne ihn nicht, habe ihn nie gesehen. Aber es ist ein Zeichen, er hat sich gemeldet und sucht den Kontakt. Für mich ist es ein wundersamer Ruf aus der Außenwelt.

Ich bin glücklich und aufgeregt, schüttele den Kopf verneinend und warte auf Ajmals Antwort. Ich schaue zu meinem Dolmetscher hin und stottere unsicher, weil ich nicht weiß, ob ich ihre Freundschaft preisgeben oder das Geheimnis wahren soll. Mit dem Ellbogen stoße ich Ajmal an und flüstere ihm zu: »Du kennst ihn, das ist dein Freund Claudio Franco, der italienische Journalist, der in London lebt.« Ajmal tut so, als merke er nichts. Er reagiert nicht auf meine Aufforderung und beantwortet die Frage des Kommandanten nicht. Ich hake nicht nach, ziehe ein finsteres Gesicht, schüttele den Kopf: Ich bin erstaunt und verbittert, habe es satt, so wenig von dem zu verstehen, was um mich herum geschieht. Haji Lalai entfernt sich, kehrt wieder um, ruft Ajmal und beginnt, mit ihm herumzuwandern. Dabei hat er den Arm freundschaftlich um Ajmals Schultern gelegt.

Etwa zehn Minuten lang bleiben sie aus meiner Sichtweite verschwunden. Als Ajmal in unsere Zelle zurückkommt, sehen Sayed und ich ihn endlich entspannter, er lächelt fast, seine Augen leuchten. Offenbar ist ihm etwas anvertraut worden, das er vor uns geheim hält. Immer seltener übersetzt er etwas, abhängig von seinen Launen und davon, was er für berichtenswert hält. Deshalb versuche ich zu lernen, in Ajmals Gesicht zu lesen, um die Tragweite bestimmter Momente und Entscheidungen, die unser Schicksal betreffen, zu bestimmen. Was alles andere als einfach ist.

So auch jetzt. Der Dolmetscher sagt nichts, informiert uns nicht über das, was ihm der Kommandant gesagt hat. Den Grund für diese Zurückhaltung erfahre ich später: Sayeds Schicksal scheint besiegelt. Ohne irgendeine Erklärung nimmt der Kommandant ihn mit. Ajmal ist wieder besorgt und sagt mir, dass Haji Lalai uns beide für sauber hält, das wahre Problem sei Sayed. »Er hat zu viel und zu widersprüchliches Zeug geredet«, fügt Ajmal hinzu, der hin- und hergerissen ist zwischen der Freude über unsere vorübergehende Absolution und der Angst um unseren Freund. »Ich hab es ihm so oft gesagt und ihn ermahnt, nur das Wesentliche zu erklären. Er hat nicht auf mich gehört und einfach zu viel dahergeredet.«

Ich frage ihn, was er dem Kommandanten geantwortet hat. Ajmal zieht die Augenbrauen hoch und antwortet entschieden: »Natürlich habe ich beteuert, dass er nicht für die Engländer gearbeitet hat, wie sie es behaupten. Ich hab ihm gesagt, dass er sauber ist, dass ich ihn gut kenne, dass er mir nur mehrmals geholfen hat, Kontakt mit den Taliban aufzunehmen.« Ich unterbreche ihn: »Warum hast du nicht gesagt, dass du Claudio kennst? Er ist eine wichtige Kontaktperson. Wenn er den Kommandanten angerufen hat, heißt das, dass er eine Botschaft von draußen hat und dass sie ihn als Kanal benutzen wollen.« Ajmal erschrickt: »Das kann ich nicht sagen. Ich will nicht, dass sie wissen, wen ich kenne und warum. Je weniger man sagt, desto besser.«

Ich schweige dazu, aber seine Antwort überzeugt mich nicht. Wieder verstehe ich nicht. Ich mache mir Sorgen um Sayed, der seit vielen Stunden nicht mehr gesprochen hat. Ich weiß nicht, was er denkt und wie er sich fühlt. Aufgrund der Sprachschwierigkeiten können wir nur schlecht miteinander kommunizieren. Als Ajmal und ich allein sind, überlege ich laut: »Wenn er Glück hat, schlagen sie ihn nur. Aber ich fürchte, dass sie ihn umbringen, und dann sehen wir ihn nie wieder. Außerdem werden sie früher oder später mit uns dasselbe machen.« Ajmal schaut schon wieder finster drein und nickt mit gesenktem Kopf.

Am nächsten Tag, dem 15. März, wechseln wir das Gefängnis. Der Besitzer des Hauses, in dem wir geschlafen haben, hat Angst. Er fürchtet, dass ihm der afghanische und ausländische Geheimdienste auf den Fersen sind. Das hat der Dolmetscher aus Gesprächsfetzen von draußen aufgeschnappt. »Er hat vor allem Angst vor den Konsequenzen«, erklärt er. »Wenn wir eines Tages wieder frei sind, könnte er erkannt werden.« Die Vorstellung lässt mich erstarren: Plötzlich erinnere ich mich, dass sich alle mit nicht verhüllten Gesichtern gezeigt haben. Dieses mit Sicherheit nicht nebensächliche Detail kann zweierlei bedeuten: Entweder sie haben ohnehin beschlossen, uns zu töten, oder sie werden auch so schon gesucht, so dass unsere Zeugenaussage gar keine Rolle spielt.

Wir werden in ein nur wenige Kilometer entferntes Haus transportiert, eine Art Gutshof mit zwei großen Haupthäusern, einem großen Innenhof mit Bäumen, drei von einem Dach aus Laubzweigen bedeckten Veranden, hohen Mauern, die Felder und Gärten umgeben, und zwei Türmen an den entgegengesetzten Enden des Geländes. Es ist kein Fort, eher ein kleines, verlassenes landwirtschaftliches Gut. Zwei Tage und zwei Nächte am Stück werden wir hier bleiben. Überwacht von neun blutjungen Kerlen, die gerade frisch aus der Koranschule kommen, sehr religiös und bereit, dem kleinsten Befehl von oben zu gehorchen, wie ich mit eigenen Augen sehen werde. Unsere Haft wird jetzt von einem Mullah, dem Maulavi, organisiert. Ich werde ihn immer mit diesem Titel ansprechen. Er ist um die 30, groß und kräftig, trägt einen dichten dunklen Bart und ist Lehrer in einer Madrassa. Mit ihm werde ich zahlreiche Diskussionen über Religion, besonders über den Islam führen, zu dem er mich Tag für Tag ohne jeden Druck versucht zu bekehren. Denn er ist überzeugt, dass ein Erfolg ihm ähnliche Verdienste einbringen würde wie ein Märtyrertod im Kampf.

Ich suche den Dialog mit diesen jungen Männern, frage sie nach ihrem Leben und nach ihren Gewohnheiten. Nach anfänglichem Widerstand antworten sie mir auf meine Fragen, erzählen mir von ihrer Herkunft, ihren Plänen und den Dingen, die sie leidenschaftlich bewegen. Wir unterhalten uns mit Gesten, selten auch mit Ajmals Hilfe, oder mit den paar Brocken Englisch, die die Jungs sonst wo aufgeschnappt haben. Sie wirken offen und dialogbereit, werden aber auch nicht zögern, mich zu schlagen.

Strafaktionen kommen ohne Vorankündigung. Die Ketten werden wieder hervorgeholt. Mal fesseln sie mir die Handgelenke, dann machen sie sie wieder los, mal schließen sie stundenlang die Zellentür, dann erweitern oder verengen sie wieder die Ketten, die mir die Fußgelenke zusammenhalten. Sie peitschen mich, nur ein paar Hiebe und ohne ersichtlichen Grund. Ich bin überzeugt, dass es sich dabei immer um Reaktionen auf den Verlauf der Verhandlungen handelt. Es stecken keine persönlichen Gefühle dahinter, ganz offensichtlich entspricht jede Aktion einem exakten Befehl von oben. Toleranz und Strenge geben sich die Hand an diesen schier unendlich langen und immer gleichen Tagen, die wir fast ununterbrochen auf den Stufen aus getrocknetem Schlamm und Stroh verbringen, umgeben von Abfall und in Staubwolken eingehüllt.

Aber die Jugend unserer Gefängniswärter begünstigt eine Beziehung, die sich durch unser erzwungenes Zusammenleben und die kleinen alltäglichen Gesten, die ich als Zugeständnisse interpretiere, allmählich konsolidiert. Das Radio, das zu den Nachrichten eingeschaltet wird, die Art, wie sich ihr Gesichtsausdruck verändert, je nachdem, ob über unsere Entführung berichtet wird, das gemeinsame, immer gleiche Essen – gekochte Kartoffeln und Bohnen in Tomatensoße –, der mehrmals am Tag angebotene Tee.

Ich bekomme mein Essen in einer Blechschale, die anders aussieht als die der anderen. Zuerst halte ich das für eine Höflichkeit gegenüber dem Ausländer. Aber Ajmal erklärt mir, dass es in Wahrheit mit der Tatsache zu tun hat, dass ich kein Muslim und somit ein *kafir*, ein Ungläubiger bin. Dieselbe

Trennung gilt für das Wasser: Um kein Drama auszulösen oder neue Bestrafungen auf mich zu ziehen, muss ich zum Trinken und zum Waschen unbedingt den kleinen Kanister verwenden, den sie mir zur Verfügung gestellt haben. Er ist an einem andersfarbigen Deckel und an einer Einkerbung am Griff zu erkennen.

Jeder Kontakt mit einem Ungläubigen gilt als Sünde und muss vermieden werden. Das Religiöse dominiert alles. Es wird fünfmal am Tag nach festem Ritual gebetet, das 100-prozentig eingehalten wird. Der Maulavi ist neugierig geworden, weil ich in Pakistan geboren bin, und stellt meine spirituelle Kraft auf die Probe. Aber in unseren Gesprächen gibt es viel gegenseitigen Respekt für die Unterschiede, die für uns beide interessant sind.

Zum Zeitvertreib werden kleine Fußballspiele mit einem Plastikball veranstaltet, der inzwischen durch lauter Beulen bis zur Unkenntlichkeit verformt ist. Ab und zu sticht einer der Jungs mit einem Messer, der Lieblingswaffe der Taliban, in diesen harten Klumpen und formt ihn neu, damit er besser über den steinigen und immer zugemüllteren Hof rollt. Sie geraten aneinander, prallen gegeneinander, spielen sich frei, mit Tritten, Ballabgaben und Doppelpässen, die mich erstaunen. Sie lachen, beklagen sich nie und protestieren noch nicht einmal bei ganz offensichtlichen Fouls.

Besonders erstaunt bin ich über die Tatsache, dass sie überhaupt spielen. Während ihres Regimes haben die Taliban nicht nur jede Form von Zerstreuung wie Fernsehen, Kino, Bücher oder Musik verboten, die als Symbol des westlichen Verfalls galten, sondern sogar das Drachensteigen abgeschafft, das ein nationaler Volkssport war. Jetzt sehe ich sie unmittelbar vor dem zufrieden zuschauenden Maulavi und sogar vor *commandant* Haji Lalai Fußball spielen, der schreit, anfeuert, Anteil nimmt, lächelt und diese zukünftigen Dschihad-Kämpfer in Anflügen von Sanftmut umarmt wie ein fürsorglicher Vater. Als sie sich in einem kleinen Turnier messen wollen, bitten sie mich, den Schiedsrichter zu spielen, da meine Fußgelenke ja sowieso in Ketten stecken, ich also zu nichts anderem gut sei.

Sie befolgen alle meine Hinweise und akzeptieren jeden meiner Eingriffe. Als ich sie frage, warum die Taliban das Fußballspiel erlauben, während sie alle anderen Zerstreuungen verbieten, antworten sie mir im Chor: »Aber das ist doch football!«

Für den Verhandlungstisch wird ein Signal oder irgendetwas gebraucht, das ausreichend stark Druck macht. Am Nachmittag des 15. März kommt der Maulavi plötzlich in die Zelle und weist Ajmal an, mir zu sagen, dass ich einen Appell nach draußen richten soll. Er sieht meinen Dolmetscher dabei ernst an, während sich dessen Gesicht verzieht und er zu weinen beginnt. Das Herz schlägt mir bis zum Hals, und ich bitte ihn, mir das Gesagte zu übersetzen. Ajmal antwortet mir mit erstickter Stimme: »Du musst einen Appell formulieren. Wir haben nur noch zwei Tage, dann bringen sie uns um.« Ich stehe auf und greife nach dem Satellitentelefon, das mir der Mullah reicht, und höre, das niemand in der Leitung ist. Es geht also um eine Aufnahme. Meiner Stimme ist die Beunruhigung anzumerken, sie klingt ernst und dramatisch: »Ihr müsst alles nur Mögliche tun, ihr müsst die Bedingungen der Taliban akzeptieren. Uns bleiben nur noch zwei Tage, ich wiederhole: zwei Tage, dann bringen sie uns um.«

Unsere Gefangenschaft hat eine Wendung genommen. Die Uhr tickt: Alle – und allen voran die Taliban – wollen dieses Spiel beenden, das jetzt auch für sie zu mühselig wird. Sie brauchen ihre Kämpfer an der Front, können es sich nicht mehr leisten, Leute für uns abzustellen. Zwei Stunden nach dem Anruf kommt ein junger Mann namens Luthar ins Haus. Er stellt sich als werdender Journalist vor. Wer er wirklich ist, wird nicht deutlich. Sie haben ihn damit beauftragt, den Kontakt zu den Medien herzustellen. Mit geschulterter Videokamera führt er mich auf das Feld, das hinter den beiden Haupthäusern liegt. Wir drehen einen kurzen – den zweiten – Film. In Großaufnahme richte ich mich an die italienische Regierung und ans Parlament. Ich muss einen Moment überlegen, was ich sagen soll. Dann beschließe ich, mich direkt an Ministerpräsident Romano Prodi zu wenden.

Hinter mir haben sich die Soldaten mit angelegten Gewehren und Maschinenpistolen im Kreis aufgestellt, ihre Gesichter sind von den Zipfeln ihrer Turbane bedeckt. Die Szene ist bedrohlich, sie macht einen starken Eindruck. Die ohnehin bedrängende Atmosphäre wird durch einen Sturm aus Staub und Sand zusätzlich verstärkt. Nach nur einer Stunde fordert mich der Kameramann auf, noch eine dritte Videoaufnahme zu machen: Der Appell, den ich an den italienischen Außenminister Massimo D'Alema richte, ist noch dramatischer. Ich bin immer beunruhigter, verstehe nicht, warum sie in so kurzer Zeit so viele Aufnahmen machen müssen. Offenbar sind sie mit dem, was sie haben, nicht zufrieden. Sie wollen noch eine vierte Aufnahme. Die Stimmung ist bis zum Äußersten gespannt, jetzt richten sie die Waffen auf meinen Kopf. Die Adressaten dieser letzten Aufnahme sind der Chefredakteur von *La Repubblica* Ezio Mauro, der Journalistenverband und der nationale Presseverband: Ich flehe die Kollegen an, sich mit mir zu solidarisieren, und sage, dass es nicht nur um mein Leben geht, sondern um freie Information. Ich bitte sie, alles nur Mögliche für unsere Befreiung zu tun. Die Taliban machen mir keine Vorschläge, ich entscheide selbst, was ich sage.

Zuerst spreche ich auf Englisch, dann auf Italienisch. Der Kameramann nickt. Er scheint nicht überzeugt zu sein, sagt aber, die Aufnahmen seien in Ordnung und würden verschickt. An wen und wohin, sagt er nicht. Ich denke, dass sie den Fernsehsendern zur Verfügung gestellt werden sollen, glaube aber auch, dass sie der Regierung und den Leuten übermittelt werden können, die an den Verhandlungen beteiligt sind. Als ich in die Zelle zurückkehre und sie die Tür hinter mir schließen, werde ich wieder von einer Angst überfallen, die mir Atemnot bereitet.

Am Freitag morgen, dem 16. März, kommt Haji Lalai wieder. Er ist ganz ruhig und lädt den Dolmetscher und mich ein, mit den anderen zusammen zu frühstücken. Es wird über verschiedene Themen gesprochen. Ich höre zu und antworte, bin und bleibe aber innerlich unruhig. Ich werfe mir vor, meinen Kidnappern gegenüber zu offen gewesen zu sein. Ich muss achtsam bleiben, darf mir nicht vormachen, ich wäre nur einen Schritt von der Befreiung entfernt. Während ich spiele, rede, mich ablenke, spüre ich die ganze Zeit das Messer am Hals. Ich stehe körperlich und geistig kurz vor dem Zusammenbruch.

Mord am Fluss

Die Anwesenheit von Luthar, dem Kameramann der Taliban, tröstet mich. Ich möchte ihn gern als Kollegen betrachten und versuche, so etwas wie eine stumme Solidarität bei ihm auszulösen. Vielleicht hat er Verständnis für meine Position und den Sinn und die Bedeutung des ursprünglich geplanten Interviews. Vielleicht versteht er, was für einen Fehler die Taliban – zumindest in Hinblick auf ihr internationales Ansehen – mit unserer Entführung begangen haben. Ich setze auf seine Sensibilität. Er spricht ein paar Worte Englisch, ich kann mich also direkt an ihn wenden und etwas genauer nachfragen, was eigentlich gerade passiert. Die Videos, die er gedreht hat, und meine dramatische Botschaft mit dem Zwei-Tage-Ultimatum widersprechen der heiteren Atmosphäre, die zuvor geherrscht hatte. »Ist irgendwas schief gegangen?«, frage ich. »Finden sie keine Einigung? Wie lauten die letzten Forderungen? Rückzug der Truppen, Austausch der Gefangenen?« Eine Salve von Fragen, auf die Luthar nur vage antwortet. Er könne mich nicht über Details informieren, die anderswo entschieden würden, sagt er, aber er wolle ehrlich mit mir sein. Ich bin sicher, dass auch er den Befehlen der Taliban-Führung gehorcht. Unser Fall ist längst an die Oberste Schura übergeben, die von Mullah Omar, dem Kommandanten der Gläubigen, angeführt wird.

Luthar spricht häufig mit Ajmal. Beide machen ein ernstes

Gesicht, der Dolmetscher hört zu und nickt ergeben ob des Schicksals, das sich abzuzeichnen scheint. Ich bitte Ajmal, für mich zu übersetzen und versuche, der Unterhaltung zu folgen, indem ich im Gesicht meines Übersetzers lese. Ein schwieriges Unterfangen.

Kommandant Haji Lalai sitzt auf einem großen Tuch, das in der Mitte des Hofes ausgebreitet ist. Bei ihm sind sein Stellvertreter Ali Ahmad, der Mullah Maulavi und die Jungs, die uns bewachen. Sie rufen uns wieder nach draußen, wir sollen uns zu der Gruppe gesellen. Heute werden wir alle zusammen essen. Nur Sayed fehlt, seit einem Tag ist er verschwunden. Sie haben zwei Päckchen Zigaretten und einen Beutel Orangen mitgebracht. Darum hatte ich gebeten, ich hatte ein Bedürfnis nach Vitaminen. In der Provinz Helmand sind Orangen eine Seltenheit, sie wachsen im Norden Afghanistans, es ist nicht leicht, hier welche zu finden. Aus der Einkaufstasche schauen auch Zahnpasta und eine Zahnbürste hervor. Nach zehn Tagen kann ich mir endlich die Zähne putzen. Ich putze sie mir gleich zweimal hintereinander und noch ein drittes Mal. Außerdem kann ich mich endlich in einem Taschenspiegel anschauen, den der Kommandant für mich aus der Brusttasche seines Hemdes zieht. Ich habe tiefe Ringe unter den Augen, die Falten sind tiefer geworden, sie sind jetzt echte Furchen, die das eingefallene, gequälte Gesicht zeichnen.

Haji Lalai hat auch noch ein Geschenk für mich: einen MP3-Player inklusive Kopfhörern mit den 114 Suren des Korans. Auf einem kleinen Anzeigenfeld / Display erscheint jeweils die englische Übersetzung. Der *commandant* überreicht mir das Gerät und lädt mich ein, es zu benutzen und dabei den auf dem Display durchlaufenden Text zu lesen. Als ich ein paar Minuten hineinhöre, lenkt mich das ab und hilft mir, mich zu entspannen. Ich sehe, dass unsere neugierigen Gefängniswärter fasziniert sind von dem Geschenk, das sie für ein Privileg halten.

Wir essen, wie gewohnt, Kartoffeln mit Bohnen. Zum Aufnehmen der Speise wird Brot verwendet, das ich zu diesem Zweck inzwischen gekonnt in die richtige Form bringe. Mein Magen ist zu, ich bekomme nichts herunter. Ein paar Bissen nur, dann widme ich mich den Orangen, die ich mit Appetit esse. Zwei für jeden, ohne Ausnahme. Ich genieße sie, wahrscheinlich werde ich so bald keine mehr bekommen. Wir essen, trinken Wasser und Tee und reden weiter über unser Leben. Der Maulavi interessiert sich sehr für die Kriterien, die in unserem Rechtssystem angewandt werden, und für unsere sexuellen Beziehungen. Die Taliban haben ein großes Interesse daran, die Normen zu verstehen, die das Sozialverhalten im Westen regulieren.

Haji Lalai hört aufmerksam zu. Die Jungs, die in respektvollem Abstand zu den drei Anführern der Gruppe sitzen, die uns entführt hat, sind still und halten die Köpfe gesenkt. Der Mullah fragt mich, welche Strafe für jemanden vorgesehen ist, der einen Menschen tötet. Ich erkläre, dass wir ein Strafgesetzbuch und ein Bürgerliches Gesetzbuch haben und dass es bei uns auf ethischer und moralischer Ebene als sehr schlimm gilt, einem Menschen das Leben zu nehmen. Der Maulavi hakt nach: »Aber was für eine Strafe sieht eure Religion vor?« Ich versuche, differenziert zu antworten und erkläre ihm, dass es sogenannte Todsünden gibt, für die wir uns vor Gott verantworten müssen. Ich füge hinzu, dass Mörder es im irdischen Leben jedoch mit der menschlichen Rechtsprechung zu tun haben. Dass sie einen Prozess und ein Urteil bekommen, die auf Gesetzen beruhen, die wiederum für den Strafbestand eines Mordes eine bestimmte Anzahl von

Jahren im Gefängnis vorsehen. Außerdem sage ich, dass wir gegen die Todesstrafe sind und dass es spezifische, strafmildernde Umstände gibt. »Bei uns ist die Vergebung ein wichtiger Faktor. Sie hat im endgültigen Urteil ihr Gewicht, selbst wenn es um einen Mord geht«, schließe ich.

Ich betone, dass es eine Trennung zwischen der Religion und den bürgerlichen Institutionen gibt. Der Maulavi hört versunken zu. Schließlich erwidert er: »Bei uns ist es anders. Die Religion ist der Staat. Alle unsere Regeln stehen im Koran. Wenn ein Mann einen anderen tötet, können und müssen sogar die Familienangehörigen des letzteren den Mörder umbringen. Wenn sie es nicht schaffen, tun wir es. Wir gehen ihn holen und exekutieren ihn öffentlich, vor aller Augen. Dieses Haus hier«, fügt er mit einer großen Geste hinzu, die symbolisch das Anwesen umfasst, in dem wir gefangen gehalten werden, »hat einem Mörder gehört. Jetzt steht es uns und allen denen zur Verfügung, die es brauchen. Für uns ist der Begriff der Solidarität wichtig. Man hilft den Schwächeren, den Kranken, den alten Menschen, den Witwen, den Armen.«

»Auch für einen Dieb gelten diese Regeln«, fährt der Maulavi fort. »Ihm wird die rechte Hand amputiert. Wird er auf frischer Tat ertappt, verliert er auch den linken Fuß. Das dient als Warnung. Bei uns gibt es keine Räuber oder Mörder. Die Menschen sind selbst tief in der Nacht sicher auf den Straßen, die Häuser brauchen nicht bewacht zu werden. Wir leben glücklich und unbeschwert, wir fühlen uns geschützt.« Ich frage: »Gibt es denn keine Gnade? Ist so etwas wie Vergebung gar nicht vorgesehen?« Jetzt schaltet sich Haji Lalai ein: »Es gibt beides. Aber das bleibt den Familienangehörigen des Getöteten oder Beraubten überlassen. Wenn sie um Gnade bitten, ist der Schuldige in Sicherheit und kommt frei. Aber dann sind wir sicher, dass er es nicht wieder tun wird.«

Der Maulavi hat noch viele Fragen. Er möchte wissen, wie wir uns lieben, wenn wir uns lieben, und wie wir uns während der Menstruation unserer Gefährtinnen ihnen gegenüber verhalten. Ob wir und wie oft wir uns waschen, ob vorher oder nachher. Ich antworte sachlich und lasse aus, wogegen die Taliban empfindlich reagieren könnten. Sie suchen Bestätigung für den angeblichen Sittenverfall, dessen sich die westliche Gesellschaft in ihren Augen schuldig macht. Ich setze auf die Freiheit der Wahl, ein Privileg, das sich unsere Gesellschaft mühsam unter Tausenden Kämpfen und viel Leid erkämpft hat.

Doch der eigentlich wunde Punkt ist für die Taliban die Krankheit Aids. Sie empfinden sie als Bedrohung und bekämpfen sie mit sehr strengen Verhaltensregeln. Sex wird nur mit der eigenen Partnerin praktiziert. Wer gegen die Monogamie verstößt, wird mit Steinigung bestraft. »Nur so können wir eine Ansteckung verhindern«, fügt der Mullah hinzu. »Bei euch sind die Regeln unbestimmt, sie lassen sich ganz unterschiedlich auslegen. Es gibt keine Klarheit. Deshalb seid ihr auch umgeben von Mördern, Räubern und Verrätern. Deshalb gehen Paare so leicht wieder auseinander. Die Menschen fühlen sich nicht sicher.« Haji Lalai ergänzt seufzend: »Und deshalb seid ihr zu ewiger Dunkelheit verdammt.« Wir schweigen, jeder hängt seinen Gedanken nach über dieses Gespräch, in dem es keine Gemeinsamkeiten geben kann. Die Unterschiede sind durch einen Fundamentalismus und Fanatismus zementiert, die einem Vergleich keinen Raum lassen. Ihre Gewissheit ist der Pfeiler, der ein ganzes soziales und gesellschaftliches System trägt. Auch nur der geringste Zweifel würde es zusammenbrechen lassen.

Ein Dutzend Orangen ist noch übrig. Wir teilen sie in immer entspannterer Atmosphäre. Ein paar Schalen fliegen durch die Luft, weitere folgen, unter Lachen, Witzen und Scherzen bricht schließlich eine kleine Schlacht aus. Der Hof ist übersät mit diesen Orangenresten, als die Satellitentelefone wieder klingeln. Ich habe weder Lust noch die Kraft, an diesem Fest teilzunehmen. Es passt nicht zu uns Gefangenen und zu unserem Leben, das an einem seidenen Faden hängt. Als ich aufstehe, werde ich aufgefordert zu bleiben. Ich verstehe nicht, worum es am Telefon geht.

Aus einem Augenwinkel sehe ich, wie von hinten jemand heran kommt. Ich drehe mich um und erschrecke, das Herz klopft mir bis zum Hals. Es ist Sayed, der seit ungefähr 24 Stunden verschwunden war. Er war die ganze Zeit im Pickup des Kommandanten eingesperrt. Ich schaue ihn an, wie er mit seinen noch in Ketten steckenden Füßen winzige Schritte macht, die Hände sind auf dem Rücken gefesselt, genau wie die Talibankämpfer trägt er ein breites weißes Stirnband. Sein Gesicht ist geschwollen, sein weißer Schalwar verschmutzt von Erde und etwas Dunklem, das wie Blut aussieht. Es tröstet mich, dass er noch lebt, auch wenn sie ihn geschlagen und gefoltert haben. Ich bin sprachlos, während mir tausend Gedanken durch den Kopf schießen.

Keiner der Soldaten würdigt ihn eines Blickes. Seine Anwesenheit ist normal, so wie sein Verschwinden normal war. Was mich im Nachhinein überrascht, war die Antwort des erwachsendsten der Jungs, der auch physisch und militärisch am besten ausgebildet ist, auf meine Frage nach Sayed. Er hatte die Geste von zerreißenden Ketten gemacht und von einer Rückkehr nach Hause. »Home«, hatte er gesagt, »home, free.« Dass ich den Fahrer jetzt sehe, wie er taumelt und allein, mit verbundenen Augen, in eine andere Zelle eingesperrt wird, erfüllt mich mit Freude und macht mich wütend zugleich. Wieder einmal haben sie uns getäuscht. Sie erzählen uns ständig einen Haufen Lügen. Sie lügen, wenn sie uns sagen, dass wir bald frei sein werden und nach Hause können, sie lügen, wenn sie uns bitten, Geduld zu haben. Sie wollen uns bei guter Laune halten, geben uns zu essen und wollen verhindern, dass wir krank werden. Um uns dann im geeigneten Moment umzubringen, mit einem makrabren Ritual, vielleicht sogar vor laufender Kamera, um das Verbrechen festzuhalten und der Welt als Warnung vorzuhalten. Ich denke an Ajmal und begreife, dass er Recht hat. Er ist Afghane, er kennt diese Leute, hat die Erfahrung am eigenen Leib gemacht: Diesen Menschen kann man nicht vertrauen. Niemals.

Der Mord, die grausame Exekution, folgt eine Stunde später. Luthar kommt auf einem schwarzen Motorrad angefahren. Er ist ein wenig nervös, erklärt uns, dass wir noch ein Video drehen müssen. Schon wieder. Es geht um das Übliche: um einen eindringlichen Appell an die italienische und die afghanische Regierung, die Verhandlungen voranzutreiben. Wir setzen uns in Bewegung, Kommandant Haji Lalai ist mit dem Pick-up fortgefahren, wird aber dabei sein. Wir steigen auf einen Pick-up, es ist ebenfalls ein Toyota mit offener Ladefläche, aber kein Turbo V8. Wir lassen uns nieder, so gut es geht, die Hände eng auf dem Rücken gefesselt, die Füße in Ketten. Endlich sehen wir Sayed von Angesicht zu Angesicht. Er hat ein schreckliches Bedürfnis zu reden, flüstert jedoch nur ein paar Worte, die vom Lärm des Motors geschluckt werden, und teilt sich vor allem mit den Augen mit.

Unsere neun Aufpasser sind auch dabei, dazu zwei junge Burschen, die wir bisher nie gesehen haben, und der Talib mit der Videokamera. Alle haben eine Kalaschnikow und schwere Maschinenpistolen geschultert. Eine halbe Stunde lang bleiben wir inmitten von Mohnfeldern stehen und warten auf irgendetwas. Der Mohn sieht aus wie Zichorie, die rosa, violetten, roten und gelben Blütenblätter öffnen sich über einer harten Kapsel mit langem Stiel. In zwei Wochen wird sie mit einem speziellen Messer mit einer Dreifachklinge eingeschnitten. Über Nacht kommt dann eine milchige weiße Paste heraus, die im Kontakt mit der Luft dunkel wird. Am nächsten Tag wird sie mit Spachteln gesammelt und in einen Behälter getan, den der Stecher um den Hals trägt. Dadurch, dass er ständig den starken Geruch einatmet, den die Opiumpaste verströmt, ist er nach der Ernte fix und fertig. Ich höre, dass die Arbeit gut bezahlt ist: Die Arbeiter bekommen für zwei Wochen 300 Dollar. Alle Männer zwischen acht und 60 Jahren, darunter auch die Taliban, dürfen diese Arbeit tun. Ich weiß nicht, was uns erwartet. Ahnungslos schaue ich über dieses Mohnblütenmeer.

Die Hitze erdrückt mich, die Warterei zieht sich hin. Ich sitze unbequem und versuche, mich auf der Ladefläche zurecht zu rücken. Aber unsere Aufpasser befehlen mir, unter dem gelben Turban und dem grünen Tuch über dem Kopf versteckt an meinem Platz zu bleiben. Luthar, der Kameramann, steigt aus dem Fahrerhäuschen aus und sagt mir auf Englisch, dass das Video an einem kühleren Ort gedreht werden soll. Wir fahren wieder los, über neue Wege, kleine Brücken, in eine Seitenstraße, um einen kleinen Sandwall herum und kommen zu einem verlassenen Stück Land, das sich bis zum Fluss Helmand zieht. Es ist ein Ort, den ich nie mehr vergessen werde. Ich werde noch mehrmals hierher kommen, zuletzt mit Ajmal, kurz bevor wir freigelassen werden. Auch in meinen Träumen wird mir dieser Ort häufig erscheinen.

Der Wagen hält inmitten dieser Wüste. Rechts von uns fließt der Fluss. Die Jungs verteilen sich auf den Dünen und am Ufer, um sicher zu stellen, dass sich kein Fremder nähert.

Jetzt kommt auch der Pick-up des *commandant*. Haji Lalai deutet mit der Hand einen Gruß an. Sayed sitzt zwei Meter vor mir. Seine haselnussbraunen Augen sind weit aufgerissen, er will mir etwas mitteilen. Ich frage ihn, wie immer mit winzigen Gesten, ob sie ihn geschlagen haben. Er nickt. Viel, gibt er mir zu verstehen. Sie haben ihm wirklich übel mitgespielt. Ich kann mir vorstellen, wie und wo. Aber er wirkt gelassen. Er ist überzeugt, dass wir bald frei kommen, und fügt hinzu: »Du und Ajmal nach Kabul, dann Italien, Europa. Ich hier, ich bleibe in Laschkargah.« Er rührt mich. Ich tröste ihn, sage ihm, dass auch er nach dieser furchtbaren Erfahrung Afghanistan verlassen kann. Ich verspreche ihm, dass ich alles tun werde, damit er ein Visum erhält. »Auch du«, füge ich hinzu, »Kabul und dann Italien.« Sayed schafft es, mir unmerklich näher zu rücken. Er schaut mich bittend an: »Car, car. I need a new car for my job.« Ich brauche für meine Arbeit ein neues Auto.

Sein Toyota Corolla ist direkt nach dem Überfall verschwunden. Sayeds Hauptsorge gilt seiner Familie: Er muss eine Frau und vier Kinder unterhalten. Und ein fünftes ist unterwegs. Den Luxus, arbeitslos zu sein, kann er sich nicht leisten. Ich bin zutiefst beeindruckt: Selbst in so spannungsgeladenen Momenten, in denen Todesgefahr lauert, denkt Sayed an die Arbeit. Trotz der Gewalt und Folter, die er wahrscheinlich in den letzten 24 Stunden erlitten hat, hat der Fahrer die Kraft, seine Zukunft zu planen. Er ist gelassen. Das beruhigt mich. Er wird etwas mitbekommen haben, das ich nicht weiß, das ich nicht verstehe. Ich spreche kein Paschtu.

Ich sehe, wie Haji Lalai, sein Stellvertreter Ali Ahmad und der Maulavi oben auf einer Sanddüne miteinander sprechen. Sie sind allein, kehren uns den Rücken zu und schreiben etwas auf ein Stück Papier. Sie weisen die Soldaten an, die Türen der Pick-ups zu öffnen, aus deren Lautsprechern Kampflieder der Taliban tönen. Wir werden geholt, in die Mitte dieser Ebene begleitet und müssen uns nebeneinander setzen. Mit einem leichten Stück Stoff verbinden sie uns die Augen. *Commandant* Haji Lalai steht schon hinter mir. Ihre Gesichter sind von den Schals und Turbanen verdeckt.

Dieses Detail alarmiert mich, ich bin sicher, dass gleich etwas Schlimmes geschehen wird. Der *commandant* liest eine Mitteilung, die in Wahrheit ein Urteil ist: »Im Namen Allahs, des Barmherzigen und des Höchsten werden Sayed Agha, Ajmal Naqshbandi und Daniele Mastrogiacomo für auf dem Territorium der Taliban verübte Spionageaktivitäten zum Tod verurteilt.« Ich verstehe kein Wort, höre aber, wie Ajmal anfängt, bitterlich zu weinen. Er weint und schluchzt, wie ich das bei ihm noch nie erlebt habe.

Mit erstickter Stimme frage ich ihn, was denn los ist und was der Kommandant gesagt hat. Er antwortet nur schluchzend: »Sie haben uns zum Tod verurteilt.« Jetzt wende ich mich an Haji Lalai: »Was passiert hier, *commandant*? Ich verstehe nicht, warten Sie einen Moment, hier liegt ein Fehler vor.« Ich versuche, meine Fassung zu bewahren, kann aber nicht aufhören zu stottern. Ich erhebe mich in den Kniestand, meine dünne rote Augenbinde, die das Licht durchscheinen lässt, ist leicht nach oben verrutscht. Ich hebe den Kopf. Die Szene, die sich nur wenige Meter vor mir abspielt, ist entsetzlich. Erstarrt und völlig von Panik erfasst, schaue ich hin. Mein Magen zieht sich zusammen und wird hart wie ein Stein, nur mit Mühe kann ich den Brechreiz unterdrücken.

Sayed ist vor uns geführt worden; drei oder vier starke Burschen stehen hinter ihm, halten ihn fest, stoßen ihn in den Sand und ersticken ihn. Jetzt sind sie über ihm und drehen ihn um. Das Messer ist schon herausgezogen, einer unserer Aufpasser hält es in der Hand. Die Klinge sehe ich nicht, aber ich sehe, wie etwas in Sayeds Hals hineinsticht, sehe einen sauberen, präzisen Schnitt, ohne Spasmus, Stöhnen, Schreie, Stöße. Die Szene spielt sich in eisiger Stille ab. Dann wieder die Hand des einen Taliban, die sich an dem Hals zu schaffen macht. Sayed bewegt sich schon nicht mehr, sein Kopf wird abgetrennt und auf einen Baumstumpf gelegt, das Messer an seinem weißen Gewand gereinigt.

Es gibt keine Spritzer, aus den durchschnittenen Adern sprudelt kein Blut. Es ist nicht das Werk eines Schlachters. Schlimmer noch: Es ist ein barbarisches, grausames Ritual, das sich in religiösen Mystizismus kleidet. Ich kann den Blick nicht abwenden. Jetzt sind wir dran. Ich bin sicher. Wir können kaum hoffen, mit dem Leben davonzukommen. Das Urteil wiegt schwer wie Blei: Sie haben uns wegen Spionage zum Tod verurteilt. Ajmal bestätigt es mir, er weint immer noch pausenlos. Mein Brechreiz wird immer schlimmer.

Der geköpfte, leblose Körper des Fahrers wird vorsichtig hochgehoben und zum Flussufer getragen, auf die Wasseroberfläche gelegt und auf seine letzte Reise geschickt. Luthar steht mit der Videokamera in der Hand daneben. Er filmt gerade diese letzte Szene, als jemand zu mir tritt und mir die Augenbinde festzieht. Vielleicht haben sie bemerkt, dass ich alles gesehen habe.

Ich bin unter Schock, von unaufhörlichen Krämpfen geschüttelt. Ich stehe auf, drehe mich zu Hajai Lalais Pick-up hin. Ich frage noch einmal, was hier geschieht, und tue so, als hätte ich nichts gesehen oder gehört. Mit wild klopfendem Herzen erwarte ich, dass die Reihe gleich an mich kommt, stelle mir vor, wie ich gepackt, im Sand erstickt, enthauptet werde und mein Körper der Strömung des Flusses überlassen wird, um dann irgendwo in der Vegetation oder an einem dieser kleinen Staudämme hängen zu bleiben, mithilfe derer das Bewässerungssystem versorgt wird. Von den Fischen gefressen. Vermisst, meiner Familie nie zurückgegeben. Ich spüre eine Berührung an der Schulter, drehe mich ruckartig um. Sie nehmen mir die Augenbinde ab, der Kommandant steht lächelnd vor mir. Ich hasse ihn aus ganzem Herzen. Er ist in der Lage zu töten und dann, ohne mit der Wimper zu zucken, zu lachen. Er gibt einen Befehl an die Jungs aus, die schon auf der Ladefläche des Lieferwagens sitzen. Sie führen mich, die Hände und Füße gefesselt, zum Wagen. Ajmal folgt mir, immer noch zitternd und schluchzend. »Sie töten uns nicht, sie töten uns nicht«, sage ich mir wie besessen immer wieder. Aber ich habe Angst: Der Tod wird ab jetzt ein ständiger Begleiter unserer Gefangenschaft sein. Wir müssen lernen, Tag und Nacht damit zu leben, dass uns jederzeit die Kehle durchgeschnitten werden kann.

Sie haben uns verurteilt. Die Exekution ist nur aufgeschoben.

Wir sehen uns im Paradies

Wir sind in unser Gefängnis zurückgekehrt. Ich bin völlig erledigt und erschöpft, innerlich erstarrt und weiß nicht, wie ich da wieder herauskommen soll. Ich hülle mich in meinen grünen Schal, zittere vor Kälte, löse den schweißnassen Turban und lasse ihn zu Boden fallen, zwischen die bröckeligen Ziegel aus getrocknetem Schlamm, die voller großer und kleiner Ameisen, Spinnen und seltsamer großer Fliegen sind, die zwischen den im Hof verstreuten Brotkrumen und den Orangenschalen hin- und herfliegen. Ich lasse mich von diesem Insektenheer überfallen und sinke auf die Knie, die das Gewicht des Körpers nicht mehr tragen wollen. Ich sinke immer tiefer, die Füße in den Ketten verbiegen sich unförmig wie Lappen. Keuchend lasse ich mich gehen, immer wieder überkommt mich ein heftiger Brechreiz.

Der Tod liegt in der Luft, es riecht nach Blut und Schmerz. Die kleine, abgesplitterte, schäbige Holztür zu Sayeds Zelle steht sperrangelweit offen. Als ich in das schwarze Loch hineinschaue, laufen mir die Tränen über das staubige, schmutzige Gesicht in den weißen Bart hinein. Meine trockenen, rissigen Lippen bluten. Ich trockne sie mit dem Handrücken. Die Arme zittern krampfartig. Ajmal ist schon in unserer Zelle, deren Tür ebenfalls weit offen steht. Er sitzt da und starrt ins Leere, das Gesicht ist gespenstisch blass, seine Lippen zittern. Ich lasse mich auf den schmutzigen Boden sinken, spiele mit den Brotkrumen, verliere mich in dem verrückten Eifer der Ameisen. Die Insekten sind unaufhörlich am Arbeiten und bezwingen mit beneidenswerter Ausdauer und Beständigkeit unglaubliche Hindernisse.

Ich versuche mich abzulenken, um diesen Horrorfilm, der in meinem Kopf weiterläuft, abzustellen. Ich sehe den Fahrer vor mir, unsere Geiselnehmer, die ihn ersticken, das Messer, das in die Halsschlagader sticht, den Schnitt durch den Hals, den Kopf, wie er sich vom Rumpf löst. Seine Mörder sind noch hier, ganz in unserer Nähe. Sie respektieren die Stille, die uns belastet. Sie bewegen sich langsam unter den Laubzweigen, wo der Älteste schon das Abendessen kocht. Jetzt sind sie um die Wasserpumpe versammelt, mit der man Wasser aus dem Brunnen des Hauses pumpen kann. Sie waschen sich, ein Körperteil nach dem anderen, ohne sich dabei ganz auszuziehen. Dann sind die Kleider an der Reihe: das Hemd, das Unterhemd, die Hose, der Schal. Sie waschen alles mit großer Sorgfalt, ganz besonders die Stoffe, die Haare, die Hände, das Gesicht, die Ohren und die Nase. Sie wischen jede Spur von Blut weg. Es ist ein Reinigungsritual, das sie vor jeder Ansteckung mit dem gerade hingerichteten Spion schützen soll. Keine Spur von Angst, Horror oder Reue zeigt sich in ihren Gesten. Sie sind ernst und still. Nur das rhythmische, metallische Geräusch der Pumpe ist zu hören.

Einen Teil des Nachmittags verbringe ich zusammengekauert und wie ein Häufchen Elend in einer Ecke des Hofes. Sie lassen mich schlafen. Es ist ein unruhiger Schlaf, die üblichen Alpträume kommen in Wellen. Eine Hand schüttelt mich, ich öffne die Augen und sehe den Talib vor mir, mit dem ich oft Gymnastik mache. Er hat mir nie seinen Namen gesagt. Jetzt erkenne ich ihn und stelle entsetzt fest, dass er

Sayeds Henker ist. Ich hasse ihn mit aller Kraft und werde ab jetzt immer Abstand zu ihm halten. Er flößt mir Grauen ein. Mit einem kurzen Wink mit dem Kopf weist er auf die Zelle: Ich muss wieder hinein.

Ich stelle mich auf die Beine, taumele, verliere mehrmals das Gleichgewicht. Der Henker stützt mich am Arm und begleitet mich bis zum Eingang dieses schwarzen, feuchten und kalten Lochs. Bei der Vorstellung, dass ich noch eine Nacht hinter verschlossener Tür, in kompletter Dunkelheit verbringen muss, dass ich immer wieder aufwachen werde, ohne hinaus zu können, bis ich mit starrem Blick das erste Dämmerlicht durch die Spalten der kleinen Holztür scheinen sehe, überfällt mich die blanke Panik. Ich klammere mich an die Vorstellung, dass Ajmal und ich trotz allem noch kostbare Geiseln sind. Dass die Taliban uns lebend brauchen, dass die Verhandlungen gut vorangekommen sind, dass unser Tod jede Möglichkeit eines Gefangenentauschs vereiteln würde. Aber sehr überzeugt bin ich nicht.

Ich denke über das nach, was geschehen ist, und versuche einen kühlen Kopf zu bewahren. Ajmal sitzt mit weit geöffneten Augen unbeweglich da. Wir reden nicht miteinander, es gibt nichts zu sagen oder zu kommentieren. Mit kaum hörbarer Stimme flüstere ich ihm zu: »They have killed him.« Ich bin mir nicht ganz sicher, ob auch Ajmal die Szene gesehen hat, bekomme jetzt aber die Bestätigung: »Yes, yes«, antwortet er zwischen zwei Schluchzern, die er mit der Hand zu unterdrücken versucht, mit erstickter, hoher Stimme. Wir sind traurig, deprimiert, verzweifelt. Ajmal fährt zusammen und fügt mit derselben Stimme hinzu: »Uns bleiben nur zwei Tage. Morgen komme ich dran, ich bin sicher, dass sie mich umbringen. Und übermorgen trifft es dich.«

Er seufzt. Ich mache ihm Mut, umarme ihn und fasse seine Hand. Ich sage ihm, dass das noch nicht ausgemacht ist, vielleicht wollen sie mit dem makabren Video vom Flussufer nur zu verstehen geben, wie entschlossen sie sind. »Sie können uns nicht töten, sie brauchen uns noch.« Ich klammere mich an diese Überzeugung.

Luthar, der Taliban-Kameramann, kommt in die Zelle, als wäre nichts geschehen, als hätte er nicht der Enthauptung unseres Fahrers beigewohnt und sie bis ins Detail gefilmt. Sie wollen noch ein fünftes Video drehen. Wieder soll ich sprechen. Ohne Ajmal. Ich bin wie gelähmt, traue ihm nicht, denke, jetzt hat mein letztes Stündlein geschlagen. Ich stehe mit zitternden Knien auf. Unsere Aufpasser packen mich und zerren mich hinter das Haupthaus des Gutes, in die Mitte eines unbebauten Geländes, das von hohen Mauern umgeben ist. Ich bin überzeugt, dass sie mich gleich töten werden.

Sie haben mir nicht die Augen verbunden, was mich einen Funken Hoffnung schöpfen lässt. Jetzt spiele ich meine letzte Karte aus: Ich wende mich an die Regierung Prodi und an das ganze Parlament samt Opposition. Ich bitte meinen Freund, den Regierungssprecher Silvio Sircana, um Hilfe. Ich weiß noch, dass ich mich auf »die christlichen Prinzipien unserer Gesellschaft« berufe und den humanitären Aspekt unserer Tragödie hervorhebe. Ich spreche auf Englisch und Italienisch. Ich schaue Luthar an. Der Talib stellt die Videokamera aus. Der Schweiß läuft mir den Rücken herab. Sie packen mich und bringen mich zurück. Noch bin ich am Leben. Die Exekution ist aufgeschoben. Ich denke an das gemeinsame Essen, das mit der Orangenschalenschlacht endete. Jetzt erscheint es mir wie ein letztes Abendmahl, wie es jedem zu Tode Verurteilten gewährt wird. Sayed haben sie schon ermordet, wir werden die Nächsten sein.

Ich bin wieder in der Zelle. Es ist Zeit für das vierte, das vorletzte Tagesgebet. Unsere Aufpasser essen noch und wollen es dann in Ruhe in ihrem Raum zusammen rezitieren. Wir schlafen ein, ohne ein einziges Wort gesprochen zu haben. Wie immer werden wir bei Morgengrauen geweckt, als sich die kleine Tür öffnet und der schichthabende Aufpasser hereinkommt, um uns das Morgengebet anzukündigen.

Es ist Samstag, der 17. März. Ajmal vollzieht seine Waschungen. Während ich mich selber in der Hocke wasche, hebe auch ich den Blick zum Himmel und bete zu meinem Gott. Wir erleben gerade einen der dramatischsten Augenblicke unserer Geiselhaft. Alles hat sich umgekehrt, ist in Frage gestellt. Plötzlich ist wieder alles ungewiss, der Tod in greifbare Nähe gerückt.

Das Ultimatum nähert sich seinem Ende. 48 Stunden noch bis zu unserer Hinrichtung, der Maulavi erinnert uns grimmig daran. Er schaut Ajmal wieder so an wie beim ersten Mal, als mein Freund buchstäblich panisch wurde und zu mir sagte: »Hast du dieses Gesicht und diese Augen gesehen? So sieht ein echter Mörder aus, das ist ein Kopfabschneider.« Der Mullah sagt, dass keine Zeit mehr bleibt. »Daniele muss jemanden von Bedeutung anrufen. Einen Abgeordneten, einen Senator, Prodi selbst, seine Frau, die Zeitung. Er muss sagen, dass nur noch eine Frist von 48 Stunden bleibt, dann bringen wir ihn um.«

Ich sehe ihn verwirrt an, frage ihn, was los ist, ob es neue Hindernisse gibt. Diese ständig wechselnden Launen bringen mich durcheinander. Ich weiß überhaupt nicht, was in der Welt vor sich geht, wir leben wie unter einer Glasglocke, nur ein paar nebulöse Signale dringen durch eine unendliche Finsternis. Keiner informiert uns, keiner erklärt uns etwas: Das Messer drückt uns gegen die Kehle, und wir sind vollkommen auf uns gestellt.

Der Maulavi lässt die Sache mit dem Telefonat fallen und

geht wieder hinaus. Draußen sehe ich ihn in sein Satellitentelefon sprechen. Als er zurückkommt, fragt er Ajmal ungeduldig und mit harter Stimme: »Was heißt ›lapo‹?« Mein Freund übersetzt die Frage. Ich verstehe nicht. Er wiederholt: »Er hat ›lapo‹ gesagt.«

Den Sinn dieser Frage kann ich einfach nicht verstehen. Mir fällt nur der Name Lapo ein: Lapo Elkann, der Enkel des Fiat-Magnaten Gianni Agnelli, der dem Tod auch schon einmal sehr nahe war. Der Maulavi stellt die Frage noch einmal klarer. Jetzt ist sie ganz eindeutig: »Ist es wahr, dass du zu Hause zwei Schäferhunde hast?« (auf Italienisch: »(cane) lupo«, Anm. d. Übers.) Ich antworte wie aus der Pistole geschossen, als handele es sich um ein Quiz, das über mein Schicksal entscheiden kann. »Nein, ja, das heißt: Ich habe zwei Schäferhunde, aber sie gehören meinen Eltern. Sie leben außerhalb von Rom in ihrem Haus, nicht in meinem.« Der Mullah lächelt zufrieden. Er fragt mich nach weiteren Details, will wissen, welche Farbe sie haben. Ich antworte: »Einer ist schwarz und der andere hat eine Farbe wie diese Wand.« Dabei zeige ich auf die Lehmwand unserer Zelle.

Spontan füge ich weitere Details hinzu. Die Antwort, die draußen ankommt, soll klar und präzise sein, denn es geht hier offensichtlich um den Beweis, dass ich noch am Leben bin. Wir haben gerade eine Videoaufnahme gedreht, bei der unserem Fahrer die Kehle durchgeschnitten wurde. Ich bin überzeugt, dass die Adressaten die Leute waren, die auch über unsere Befreiung verhandeln. Sie werden das gesehen haben und von dem Anblick der Enthauptung Sayeds entsetzt gewesen sein. Sie müssen ja denken, dass Ajmal und mich dasselbe Schicksal getroffen hat. Sie wollen sicher gehen, dass wir noch leben. Ich sage, dass es sich bei den beiden Hunden um ein Männchen und ein Weibchen handelt, dass ersterer größer ist und King heißt und das kleinere Weibchen Joy.

Einen Augenblick lang bin ich so durcheinander und aufgewühlt, dass mir der Name des Weibchens nicht gleich einfällt. Nach ein paar verzweifelten Sekunden ist er dann wieder da. Zur Sicherheit schreibe ich die beiden Namen auf eine Seite vom Taschenkalender des Mullah, damit er sie auch ja nicht falsch versteht. Alles ist für mich in diesem Moment von absolut entscheidender Bedeutung.

Der Maulavi entfernt sich, um die Antwort per Telefon zu übermitteln. Einer der Taliban ruft mich nach draußen. Er will die Suren des Korans auf dem MP3-Player hören, den mir *commandant* Lalai geschenkt hat. Ich hänge nicht daran. All das Blut, das ich gesehen habe, all das Furchtbare, das diese Mörder unter dem Mantel der Religion ausüben – sie widern mich an. Ich reiche ihm das Gerät mit den Worten: »Behalte es, solange du willst.« Mit den Kopfhörern auf den Ohren geht er, schon ins Gebet versunken, hinaus, seine Lippen bewegen sich dazu. Ich werde ihn nie wiedersehen. Als ich irgendwann nach ihm frage, geben sie mir zu verstehen, dass er nicht mehr da ist. Er wurde an die Front gerufen. Er wusste, dass er vielleicht sterben würde, und diese Aufnahme des Korans auf Arabisch hat ihm womöglich Mut gemacht.

Wir wechseln das Gefängnis, das 14. in 13 Tagen. Um uns ins nächste zu transportieren, warten sie die Dunkelheit ab. Der Dolmetscher hat den Gesprächen der Jungs entnommen, dass die Fahrt kurz sein wird. Wahrscheinlich bleiben wir in derselben Gegend, im Bezirk Garmser, dem Kerngebiet der Taliban. Jetzt kommen alle herbei, der Kommandant, sein Vertreter, der Kameramann und der Besitzer des Hauses, der uns den Reis gekocht hatte.

Die Fahrt wird nicht einfach, die Spannung ist groß. Ich glaube, dass sie eine Abhöraktion befürchten, denn sie haben häufig ihre Satellitentelefone benutzt. Außerdem ist da das ständige Brummen der Suchflugzeuge über unseren Köpfen. Immer wenn sie über uns hinüber fliegen, heben unsere Aufpasser besorgt die Augen zum Himmel. Sie bitten uns, immer drinnen zu bleiben, und in den Momenten des »Hofgangs«, der wie bei einer normalen Haft eingehalten wird, müssen wir uns unter ihren strengen, wachsamen Blicken dicht an die Mauern halten, die von einem vorstehenden Dach geschützt sind.

Dieses letzte Gefängnis verlassen wir an Bord eines Toyota Corolla Station Wagon und des Pick-ups von Haji Lalai. Eine halbe Stunde lang geht es über einen nicht asphaltierten Weg voller Schlaglöcher und Unebenheiten, der an einem der Hauptbewässerungskanäle entlangführt. Die Nacht ist pechschwarz, ich sehe nicht einmal die Sterne, die ich in der Wüste so oft bewundert hatte. Die Felder sind in Nebel gehüllt, der von den Bewässerungskanälen und den kleinen Teichen aufsteigt, die sich in den Weiten der Schlafmohnfelder wie Punkte ausnehmen.

Wir halten vor einem dunklen Tor, steigen aus und gehen über einen Erdweg in einen ersten offenen Raum, in dem weitere Taliban, die wir noch nie gesehen haben, schon ein Nachtlager bereitet haben. Wir müssen in einen zweiten, größeren Raum, der aussieht wie ein Lagerraum: sauber, großzügiger als unsere letzten Gefängniszellen, mit einer hohen Decke, die von dicken Stahlträgern gestützt ist, auf denen gestrichene und lackierte Holzbalken liegen. In Holz eingeritzt lese ich die Beschriftung: »Metaldis, Karachi.«

Meine Stimmung hebt sich: »Hier werden wir uns wohlfühlen«, sage ich zu Ajmal. Neugierig betrachten wir den Berg von Gegenständen, die die Hälfte des Raums besetzen. Mein Blick bleibt an der hinteren Wand hängen: Hinter dem Stapel von Schaufeln, Spitzhacken, Schippen, Weizensäcken, Tonnen und anderem Werkzeug ist eine kleine Mauer aus dunklen Steinen aufgeschichtet. Ich trete mit meinen eng aneinander geketteten Füßen unsicher Schritt für Schritt näher heran und schaue genau hin: Es sind Opiumbrote, luftdicht in Plastik verpackt. Der Maulavi, der an der Tür zu unserem neuen Gefängnis erschienen ist, nimmt eines davon in die Hand und erklärt: »Zwei Kilo, jedes Päckchen enthält zwei Kilo Opium.« Ein schönes Geschäft, sage ich darauf, und wie viel wird dafür gezahlt? »300«, antwortet der Mullah und schlägt vor: »Willst du eins mitnehmen?«

Ich schlage das Angebot aus, das ist nun wirklich das letzte, woran ich denke. Außerdem sehe ich in dieser anscheinend neutralen und unschuldigen Frage nur wieder eine Falle.

Wir breiten unser Nachtlager auf dem Erdboden aus. Jetzt haben wir mehr Platz zur Verfügung. Sayed hinterlässt eine spürbare Leere, obwohl sie ihn schon einen Tag, bevor sie ihm die Kehle durchgeschnitten haben, komplett isoliert hatten. Er war ja kurz nach Haji Lalai verschwunden. Sie hatten ihn verhört, ihm erneut Gewalt angetan und ihn gefoltert und dann zwar in unser Gefängnis zurückgebracht, aber in einer eigenen Zelle eingesperrt. Er hatte sie nur noch für die Notdurft verlassen dürfen, worum er wie ein verletztes Tier aus der Tiefe seines schwarzen Lochs mit immer matterer und dunklerer Stimme hatte bitten müssen. Die Bilder von seinem entsetzlichen Tod überfallen mich erneut. An Ajmals Blick sehe ich, dass es ihm genauso geht. Wir werden die Szene nie vergessen können. Schlaf übermannt uns, Körper und Geist sind zu erschöpft.

18. März, Sonntag. Wir verbringen den ganzen Tag, ohne zu sprechen. Der Maulavi und sein Aufpassertrupp respektieren unsere Trauer, aber sie scheinen besorgt. Die Vorstellung,

dass wir krank werden oder auch nur in eine Depression verfallen und uns gehen lassen könnten, beunruhigt sie. Sollten wir krepieren, würden sie ganz schön Ärger bekommen. Und genau diese Idee kommt uns jetzt. Wir wollen uns rächen, wollen sie in Schwierigkeiten bringen. Unsere einzige Waffe ist ein Hungerstreik, ist die Weigerung, die Rolle der gefügigen Geiseln zu spielen.

Am Nachmittag lädt mich der Henker zur Gymnastik ein, indem er ein paar Aufwärmübungen andeutet. Ich brauche Bewegung, meine Beinmuskeln sind sehr geschwächt. Daher sage ich ohne große Begeisterung ja. Ajmal, der ebenfalls endlich die Zelle verlassen hat, macht mir große Sorge. Er atmet schwer, ist ganz weiß im Gesicht und hält sich die rechte Hand aufs Herz. Ich frage ihn, ob ihm schlecht ist. Mit kaum hörbarer Stimme antwortet er, dass er Herzrasen hat. Er lehnt sich an die Außenwand, seine Beine geben nach, er rutscht langsam zu Boden. Ich hebe ihn hoch, hake ihn unter und zwinge ihn zu gehen. Ich versuche, ihn abzulenken, er soll Gymnastik machen, um seinen Kreislauf in Gang zu bringen. Die Angst, die ständige Anspannung, die Fragen, die Antworten, die wir jedes Mal sorgfältig prüfen müssen, die scheinbaren oder die echten Geheimnisse, die nicht enthüllt werden dürfen, die Informationen, die unser Schicksal besiegeln können, all das hat die wenige Kraft, die uns noch blieb, schließlich aufgerieben.

Ajmal ist ganz aufgeregt. Er flüstert mir, sich halb vor Begeisterung, halb vor Angst bald überschlagend, zu: »Ich habe Unglaubliches herausgefunden. Jetzt weiß ich, wer die Taliban sind, wie sie organisiert sind, wie sie vorgehen, wo sie leben, wo sie ihre Standorte haben. Ich habe alles gehört, was sich unsere Aufpasser draußen gesagt haben.« Jetzt bekomme auch ich es mit der Angst. Er könnte sich als unbequemer Zeuge erweisen. Ich frage ihn, was er genau herausgefunden hat, ich bin sehr, sehr besorgt. Er schüttelt den Kopf: »Nicht jetzt, später erzähle ich dir alles.« Mit einem Lächeln, das Vertrauen und Mut einflößen soll, fügt er hinzu: »Wenn wir nach Hause kommen, erzähle ich dir alles.« Ich hake nach: »Ich muss wissen, worum es geht. Wir sitzen im selben Boot, und das kann jederzeit untergehen. Du kannst die Quellen und ihre Geheimnisse jetzt nicht mehr für dich behalten. Wir müssen unsere Feinde gemeinsam studieren und am selben Strang ziehen. Sonst ist es aus mit uns.«

In dem neuen Gefängnis schlafen wir wenig und schlecht. Unter dem Berg von Werkzeug und Säcken hören wir die Mäuse quieken. Als es Abend wird und die Dunkelheit den Raum einhüllt, werden sie mutig und kommen heraus. Wenn ich ihre kleinen Füße auf meinem Gesicht spüre, was mehrfach der Fall ist, verscheuche ich sie mit heftigen Handbewegungen, die meist ins Leere gehen. Ich spreche auch mit Ajmal darüber. Als wäre es das Normalste auf der Welt, bestätigt er, dass die Mäuse auch über seinen Körper laufen. »Ich decke mich gut zu, auch den Kopf und die Füße, und lasse sie machen«, erklärt er. »Sie hören schon von allein damit auf.«

Das schaffe ich nicht. Es ist mir unmöglich, in dem Wissen zu schlafen, dass diese Nager auf meinem Körper auf Spritztour gehen. Ich denke an die Wunde an meinem Kopf. Sie ist zwar fast vernarbt, aber der Schorf, der regelmäßig abfällt, hinterlässt Blutspuren, die sie vielleicht anziehen könnten. Mir graut bei der Vorstellung, ich könnte aufwachen, während Mäuse an mir lecken oder womöglich an meiner Kopfwunde nagen.

Der Maulavi hat sich nicht mehr blicken lassen. Er ist mit den Informationen über die Schäferhunde verschwunden. Die nachdrückliche und bedrohliche Forderung an mich, einen Anruf zu tätigen, damit mir die Kehle nicht durchgeschnitten wird, hängt weiterhin in der Luft. Ich weiß nicht, was ich davon halten soll. Die Warterei macht mich immer nervöser, und Ajmal ist mir mit seinem hermetischen Schweigen keine Hilfe. Der Mullah kommt vor der Abenddämmerung zurück, er hat uns eine batteriebetriebene Tischlampe mitgebracht. Wir richten ihr Licht auf das Werkzeug und die Tonnen, um die Mäuse fernzuhalten. Als er uns später aus dem Schlaf holt, der uns endlich übermannt hat, kommt er auf das Telefonat zurück. Ich soll jetzt unbedingt jemand »Wichtigen« anrufen.

Ich überlege, wer Bewegung in die festgefahrene Situation bringen könnte: Prodi, D'Alema, meine Frau Luisella, die Zeitung. Ich mache ihn darauf aufmerksam, dass Sonntag ist, für uns Westler ein Feiertag. Da ist es nicht so leicht, jemanden anzutreffen. Die Büros sind geschlossen, auch die Zeitung öffnet nicht vor drei Uhr nachmittags. Wir sind so isoliert vom Rest der Welt, dass ich nicht die geringste Vorstellung davon habe, was unser Fall an Menschen und Kräften mobilisiert hat. Ich habe mein Adressbuch nicht und kann mich nicht einmal mehr an die Telefonnummern erinnern, die mir vertraut sein müssten, sogar die meiner Frau weiß ich nicht auswendig. Schuld sind die neuen technischen Möglichkeiten, von denen ich mich abhängig gemacht habe. Ich erkläre ihm, dass alle wichtigen Nummern in meinem Handy gespeichert sind. »Das habt ihr«, sage ich zu dem Mullah, »ihr habt es mir abgenommen, als ihr mich gekidnappt habt.«

Diesen Begriff betone ich. Von Festnahme zu sprechen ist eine so banale und absurde Ausflucht, dass sie inzwischen jeder Grundlage entbehrt. Sogar die Taliban-Führer, die so viel Wert auf ihr Image als Freiheitskämpfer legen, klagen uns nicht mehr der Spionage an. Es handelt sich um eine ganz gewöhnliche Entführung. Wir sind nichts anderes als

Tauschware, und genau dieser Tausch, der inzwischen fast schon in den Details festgelegt ist, macht unsere Geiselnehmer nervös.

Der Maulavi reicht mir das Satellitentelefon, eine neue Geste, die mir zeigt, wie begrenzt die Lebensspanne ist, die uns noch bleibt. Unser Schicksal hängt zu einem wesentlichen Teil von diesem Telefonat ab. Der Mullah ist wütend, aus seinem Gesicht und seinen Augen spricht wieder der Hass. Sollte er den Auftrag bekommen, mich zu töten, dann wird er keine Bedenken haben: Er wird es tun, und zwar mit Vergnügen. »Du musst sagen«, befiehlt er mir grimmig, »dass sich dein Botschafter in Afghanistan gefälligst in Bewegung setzen soll. Wenn er die Karsai-Regierung nicht unter Druck setzt, werde ich dir nach bestem Vermögen den Hals durchschneiden. Hast du verstanden?«

Ich schweige, meine Kehle ist trocken. Mit Mühe schlucke ich, der Tod ist mir bereits zu einer Zwangsvorstellung geworden. Wieder sehe ich die Szene vor Augen: den abgeschnittenen Kopf, den enthaupteten Körper, der einfach liegen geblieben ist. Immer wieder läuft die Szene vor meinem inneren Auge ab. Eine einzige Hoffnung habe ich, und an sie klammere ich mich jetzt: daran, Zeit zu gewinnen und auf noch mehr Anrufe zu pochen. Ich werde Hunderte, Tausende von Nummern wählen. Ich werde alle anrufen, wir müssen versuchen, uns zu retten. Um jeden Preis.

Als ich das Satellitentelefon übernehme, zittert meine Hand, nur mit Mühe wähle ich die Nummern. Überlege gut, sage ich mir. Wen rufst du zuerst an? Ich probiere es bei meiner Frau zu Hause, als wäre es ein ganz normaler Anruf. Keiner antwortet, der Anrufbeantworter springt an. Verärgert lege ich auf und sage nur: »Immer ist sie unterwegs.« Ich versuche es bei unserer Pension, die mein Bruder Alessandro leitet: Hier geht der Empfangschef dran. Ich frage nach meinem Bruder, aber er ist nicht da. Innerlich fluche ich. Dann hebe ich die Augen zum Himmel und bitte diesen Gott, an dem ich mich immer häufiger festhalte, um Verzeihung. Ich bin nervös, ungeduldig, fürchte, dass ich niemanden erreichen werde. Ich rufe die Zeitung an. Die Zentrale antwortet, leitet mich aber sofort weiter. Es überrascht mich, jemanden anzutreffen, obwohl Sonntag Morgen ist. Noch habe ich nicht die geringste Ahnung von dem unermüdlichen Kampf, den meine Kollegen und Freunde – ganz außergewöhnliche Kollegen und Freunde – von der Zeitung führen.

Als jemand dran geht, gebe ich ihm nicht einmal die Gelegenheit, sich zu erkennen zu geben, sondern überfalle ihn gleich sehr bestimmt: »Hör gut zu, du musst sofort den italienischen Botschafter in Kabul anrufen und ihm sagen, dass er alles tun muss, um die Verhandlungen zum Abschluss zu bringen. Ich weiß nicht genau, worum es geht, aber die Taliban warten nicht: Wir haben noch einen Tag, dann bringen sie uns um. Hast du verstanden?« Das brülle ich wütend in den Hörer. Von der anderen Seite höre ich eine schwache Stimme fragen: »Aber wie geht es dir?« »Lass die Fragen und ruf sofort dort an.« Ich lege auf. Der Maulavi hat mir schon das Telefon aus der Hand gerissen und nickt zufrieden. Erst als ich frei und wieder in Rom bin, erfahre ich, dass hinter dieser Stimme der Chefredakteur Angelo Aquaro steckte. Er hat den Zettel mit den Notizen zu meinen Forderungen für mich aufgehoben und mir gestanden, dass ihn mein Anruf tief erschüttert hat, denn er kam zu einem Zeitpunkt, als die Spannung, die sich in den letzten zwei Wochen unaufhaltsam gesteigert und alle erfasst hatte, auf ihrem Höhepunkt angelangt war.

Mit dem Abend, den Gebeten und der üblichen Schüssel mit Kartoffeln und Soße, die ich nicht anrühre, kommt unser 15. Transfer. Unter den Taliban, die uns bewachen, bemerke ich eine neue Unruhe. Manche Satzfetzen oder Worte auf Paschtu verstehe ich inzwischen: Es geht das Gerücht um von einem Überraschungsangriff. Die Vorstellung allein versetzt mich schon in Panik. Ich bin gegen bewaffnete Einsätze bei Entführungen: Dabei bekommen die Geiseln immer etwas ab. Diese Mörder haben überhaupt keine Skrupel. Für sie bedeutet der Tod Befreiung und nicht Trauer. Für sie ist dieses Erdenleben nur ein kurzes Intermezzo, in dem sie darauf hoffen, im Kampf zu fallen und zur Belohnung für ihren Dschihad im Namen Allahs ins Paradies zu kommen.

Trotzdem bewegt das Risiko eines Überfalls, womöglich durch die in dieser abgelegenen Südprovinz Afghanistans stationierten britischen Sonderstreitkräfte, unsere Peiniger dazu, vorsichtig zu sein. Kaum sind die Schlafmohnfelder in Dunkelheit und Nebel getaucht, ziehen wir wieder um, auch jetzt an Bord der beiden schon bekannten Fahrzeuge, des Toyota Station Wagon und des Pick-ups von Haji Lalai. Zu dem Aufpassertrupp gesellen sich weitere vier bewaffnete Burschen, von denen der älteste um die 30 ist. Unsere Hände sind wieder gefesselt, meine mit Ketten. Als wir auf die Ladefläche gestiegen sind, geht es auf einem Sandweg an einem der beiden Hauptbewässerungskanäle entlang.

Aus der Stereoanlage tönen wie immer die Lieder der Taliban, kindliche Stimmen, die mich ganz sentimental machen: Tränen laufen mir über die Wangen, Zeichen einer Verzweiflung, die sich nicht mehr zurückhalten lässt. Ich werde sterben, sage ich mir immer wieder, hier komme ich nicht mehr lebend heraus. Ich denke an meine Frau, an die Kinder, die schon erwachsen sind, in meiner Vorstellung aber schwach und schutzbedürftig bleiben, denen ich nicht genug gegeben habe und die durch mein Verschwinden noch schutzloser werden. Ich kämpfe gegen diese Vorstellung an und schlage, noch bevor wir losfahren, dem Kommandanten mit der Kraft der Verzweiflung einen Pakt vor: Wenn ich sterben muss, möchte ich es kämpfend tun.

Ich bitte ernsthaft darum und fordere eine ernsthafte Antwort von ihm. Er fängt an zu lachen und sagt mir in gebrochenem Englisch, das er, wie ich später herausfinde, in Wahrheit sehr gut spricht: »Du wirst nach Hause zurückkehren und Frau und Kinder wiedersehen.« Mir selbst sage ich: Ich lasse mir nicht die Kehle durchschneiden. Ich werde mich wehren, und dann müssen sie mich erschießen. Diese Befriedigung werde ich ihnen nicht schenken, ich werde fliehen, wenn ich merke, dass dieser schreckliche Moment kommt. Sie werden mir in den Rücken schießen müssen, um mich zu töten. Ich werde sie so überrumpeln, dass sie das Szenario, das sie sich so sehr wünschen, nicht auf Video festhalten können.

Auf der Hälfte des Weges hält der Konvoi mitten auf dem freien Land, ein paar Meter vor einer Kreuzung. Der Kommandant und seine rechte Hand steigen aus dem Pick-up aus und sprechen, ein ganzes Stück von uns entfernt, mit einem Mann, der schon auf sie gewartet hat. Bei uns im Wagen herrscht eine Stille, die nur durch das Gequake der Frösche ringsum durchbrochen wird. Die Luft ist feucht und drückend. Die Drei kommen zu uns und leuchten zuerst mir, dann Ajmal, dann wieder mir mit einer kleinen Taschenlampe ins Gesicht. Der Mann, den sie getroffen haben, tritt einen Schritt näher. Er hinkt, Kopf und Gesicht sind unter einem hellblauen Schal versteckt. Als er ihn verschiebt, kommen unter einem dunklen Turban lange, krause, schwarze Haare und ein struppiger Bart zum Vorschein. Er lächelt nicht, betrachtet mich schweigend. Ich brauche ihm nur in die Augen zu schauen und erkenne ihn sofort, ich habe seine Fotos lange studiert: Es ist Mullah Dadullah, der eigentliche Anführer, der Regisseur unserer Entführung, der Rebell, der grausame Kommandant, den wir hätten interviewen sollen, wie schon einige andere vor uns es vor nicht einmal drei Wochen getan haben.

Plötzlich sticht mir die Wut ins Herz. Nicht die Angst, sondern die blanke Wut. Wut über den Überfall, über die Falle, in die wir geradewegs hineingetappt sind. Angezettelt von jemandem, der im Hintergrund bleibt, mit unserem Leben spielt und Ziele verfolgt, die wir nicht kennen, geschweige denn erkennen können. Ziele, die zu groß sind für uns kleine, unbedeutende Geiseln, die wir nur um unser Leben kämpfen.

»Thank, thank you«, sagt der Chef der Mörderbande und hält mir eine Hand hin, die zu fassen ich nicht über mich bringe. Danke? Ich wüsste wirklich nicht, wofür.

Wieder kocht mein Blut, dieser Satz klingt für mich nach Provokation, einer Provokation, mit der man mich weich kriegen und dazu bringen will, mich zu wehren, damit man einen weiteren Grund hat, mich zu erniedrigen und mir Gewalt anzutun. Ich bekomme ein höhnisches Grinsen hin, mit dem ich meinen eigentlichen Drang zu brüllen im Zaum halten kann. In Wahrheit bewerfe ich dieses Gesicht mit Beleidigungen und Flüchen, die aber nur im Innern meines völlig leeren und erschöpften Körpers widerhallen.

Dadullah versucht nun auch noch, witzig zu sein, und fügt hinzu: »Im Grunde habt ihr weit mehr als ein Interview bekommen. Ihr habt gesehen, wie wir leben und was wir denken. Meinst du, du schaffst es, die Wahrheit über uns zu erzählen? Das tut ihr Journalisten doch nie.« Ich schweige dazu, gehe auf diese Provokation nicht ein. Seine Anwesenheit alarmiert mich: Ich bin überzeugt, dass wir an einem Wendepunkt sind. Ajmal sagt nichts, er hält den Kopf gesenkt. Er hat nur kurz aufgeschaut und mit der Ehrerbietung, die er jedem erweist, die Hand zum Gruß ausgestreckt. Aus Höflichkeit, gewiss nicht aus Sympathie. Er weiß auch, wer unser Gegenüber ist. Diese Erkenntnis ist eine kalte Dusche für uns. Wir sind benutzt, verkauft, betrogen und verspottet worden. All das erfüllt uns mit Bitterkeit, wir fühlen uns ohnmächtig und beinahe lächerlich.

Mullah Dadullah verschwindet genauso, wie er gekommen ist, in dem Gewirr von Wegen, die das große mit Schlafmohn bewirtschaftete Gebiet durchziehen, verschluckt von der abendlichen Dunkelheit. Bevor er geht, sagt er jedoch noch mit einem Knurren zu mir: »Dein Leben schuldest du unserem obersten Kommandanten. Mullah Omar persönlich hat befohlen, dein Todesurteil aufzuheben. Er hat entschieden, dass dir nicht der Kopf abgeschnitten werden soll.« Ajmal ist, genau wie ich, gelähmt vor Angst und übersetzt mit kaum hörbarer Stimme. Ich meine, richtig verstanden zu haben, frage aber noch einmal nach: »Meint er wirklich Mullah Omar?« Die Hände auf dem Rücken gefesselt, nickt mein Dolmetscher mit tief gesenktem Kopf. Mein Herz pocht heftig, während ich darüber nachdenke. Ich frage mich, ob das hier nur die letzte einer langen Reihe von Lügen ist. Wenn es die Wahrheit ist, dann bin ich noch ein weiteres Mal mit dem Leben davongekommen. Das Schlachtermesser, von dem ich jede Nacht träume, ist diesmal in der Scheide geblieben. Wer weiß, wie lange noch.

Der Weg ist weit, es geht über Unebenheiten und kleine Brücken, an Staudämmen und kleinen Wegen vorbei, die sich zwischen den Mohnfeldern verlieren, durch kleine Siedlungen mit Läden aus Wellblech, durch Dörfer mit Zelten und

Hütten aus Stroh, Zweigen und Pappe, die am Rand der Wüste entstanden sind. Alles ist in das Dunkel der Nacht getaucht. Hierzulande gibt es noch keinen elektrischen Strom, aber die Taliban leiden nicht darunter: Ihre Welt ist eine Welt der Vergangenheit. Sie träumen von einer Gesellschaft, die in Mohammeds Spuren tritt, von einem großen Emirat, das den ganzen Planeten umfasst, von einer großen, einer riesigen Oase des Friedens, die auf den Regeln des Heiligen Buchs gründet, des einzigen, das die Menschheit retten und ihr das Paradies garantieren kann, wie sie ständig wiederholen.

Um mich herum sehe ich nur Armut, Staub und Dreck. Die wenigen Frauengestalten sind in lange schwarze Tücher gehüllt und bewegen sich schnell an den Außenwänden der Häuser entlang. Ansonsten sind kleine Kinder, große Jungen und Männer zu sehen, die sich auf das Einschneiden der Opiumkapseln vorbereiten und mit Kalaschnikows und Panzerfäusten bewaffnet sind.

Jetzt halten wir vor einem großen Landhaus, das von hohen, kalkgeweißten Mauern umgeben ist. Der Eingang besteht aus einer schmalen, niedrigen Tür, durch die wir nur einzeln und gebückt hindurchgehen können. Dahinter liegt ein Garten voller Blumen, an den ein Werkzeugschuppen, ein Schafstall und ein Hauptgebäude grenzen, das aus zwei Räumen besteht. Wir sind viele, vielleicht 30 Leute, da zu unserem Aufpassertrupp noch etwa 20 Taliban aus anderen Gebieten der Provinz hinzugekommen sind. Alle sind bewaffnet, unsere Bewachung hat sich noch einmal sehr verschärft.

Ajmal bleibt weiterhin verschlossen und übersetzt die Sätze, die unsere Entführer an uns richten, nur mit Mühe. Er sagt mir, ihm platze fast der Kopf vor all den Informationen und Details. Er hat eine Welt entdeckt, von der er nicht die geringste Vorstellung hatte und die sich völlig von dem unterscheidet, was er in Kabul, in 1000 Kilometern Entfernung, meinte, von ihr verstanden und kennen gelernt zu haben. Mir scheint, dass er lange über das Geschehen nachgedacht hat und über die Fehler, die ihm unterlaufen sein mögen, sowie darüber, wer diese Falle gestellt hat. Ich fühle mit ihm: Er leidet, vielleicht sieht er sich betrogen und als Opfer eines Spiels, das größer ist als wir und aus dem er keinen Ausweg weiß.

Wir schlafen. Das morgendliche Wecken findet statt wie gehabt, ebenso das Frühstück und die Gebete. Wir sind müde, sehr müde. Wir sind jetzt wirklich am Rand der physischen und geistigen Erschöpfung. Ich bereite mich innerlich auf einen neuen Tag vor, den ich ohne Bücher, Stifte, Unterhaltung und Freunde verbringen muss. Wir sind allein und sprechen auch nicht mehr miteinander. Wir sind in einem Zustand der Benommenheit, wie er uns immer häufiger überkommt, und liegen auf der Steppdecke, die wir nun schon seit zwei Wochen immer dabei haben. Ich bereite mich darauf vor, noch eine Woche durchzuhalten. Ich denke an andere Entführungen und rechne ein bisschen nach: Der Durchschnitt liegt bei 25 Tagen. Es wird noch dauern. Diejenigen, die uns retten wollen, sind dabei zu verhandeln. Wir wissen zwar nicht, wer das ist, aber da ist offensichtlich jemand, der es tut.

Die virtuelle Zeitspanne, die die Anführer der Gruppe mit den Händen angezeigt haben, wird immer kleiner. Am späten Vormittag ist sie nur noch einen kleinen Spalt breit. Direkt nach dem Gemeinschaftsgebet, gegen 14 Uhr, ist sie gar nicht mehr vorhanden. Der Maulavi betritt den Raum, in dem wir schlafen, und lächelt zum ersten Mal freundlich. »Es ist so weit«, verkündet er, »wir sind einer Einigung ganz nah.« Nach einer weiteren halben Stunde erscheint auch *commandant* Haji Lalai. Sein Kommen versetzt mich in Angst: Er wird der Überbringer der Nachrichten sein, die unseren Tod besiegeln oder die Freiheit bringen werden. Wir hören das Brummen des Pick-ups, seine Stimme im Garten, die Schritte auf dem Betonboden im Hof. Die Zellentür öffnet sich, dann der Plastikvorhang, der mit Nägeln an der Wand befestigt ist. Ich schaue ihm in die glänzenden Augen und in das blitzend weiße Lächeln. Er öffnet die Arme: »Noch zwei Stunden. Macht euch bereit, ihr seid frei, ihr kommt nach Hause.«

Ajmal und ich sind wie gelähmt, wir weigern uns, das zur Kenntnis zu nehmen, wir wollen nicht schon wieder enttäuscht werden. Inzwischen glauben wir nichts und niemandem mehr. Wir trauen noch nicht einmal unseren eigenen Schatten. Das Wort »Freiheit« gehört nicht mehr zu unserem Vokabular, aus Gründen des Selbsterhalts haben wir es gelöscht.

Und dabei ist es wahr. Sie lassen uns frei. Die Mudschaheddin, die uns in den letzten sieben Tagen gefangen gehalten haben, kommen mit Schreien der Begeisterung in unsere Zelle gelaufen. Sie strahlen glücklich, beglückwünschen uns, drücken uns die Hände, umarmen uns. Wir bleiben ungerührt und reagieren nicht auf diese Gefühlsausbrüche, wir halten sie für eine neue Falle, eine dieser theatralischen Gesten, an die wir uns während der Gefangenschaft gewöhnt haben und auf die wir gar nicht mehr reagieren. Aber die Taliban lassen nicht locker. Sie holen aus dem Garten einen großen Stein, legen ihn unter die Schlösser, die die Ketten um Ajmals Fußgelenke geschlossen halten, und beginnen erst zu zweit, dann zu dritt mit Steinen und Ahlen darauf zu schlagen. Ein Vierter gibt fachmännische Ratschläge, greift seinerseits nach den Werkzeugen und bearbeitet die Schlösser eine gute halbe Stunde lang systematisch. Nur so können sie jetzt geöffnet werden, da die Gruppe, die uns in der Nähe von Laschkargah gekidnappt hatte, die Schlüssel in der Wüste verloren hat.

Ich schaue Haji Lalai an, der gerade telefoniert, und bitte ihn, offen und ehrlich mit uns zu sein. »Ihr seid frei«, bekräftigt er und sieht mir direkt in die Augen. Endlich springen die großen Schlösser an Ajmals Fußgelenken auf, später auch die meinen, die kleiner, aber ganz staubig, verrostet und voller Erde waren. Nach zwei Wochen kann ich endlich wieder frei gehen, größere Schritte machen, die Beine beugen und spreizen. Ich kann sogar schnell laufen, fast hatte ich vergessen, dass ich dazu überhaupt in der Lage bin.

Ich renne auf der Wiese herum und ziehe Ajmal hinter mir her, weil ich will, dass er mit mir Gymnastik macht. Nachdem er sich zunächst geweigert hat wie immer, gibt er schließlich nach. Endlich sehe ich ihn lächeln, bis er schließlich weint und lacht. Die Tränen strömen ihm aus den Augen, laufen ihm über den Bart, das Hemd, die Brust. Vor Glück fallen wir uns in die Arme. Wir sind frei! Endlich dürfen wir uns waschen und die Kleider wechseln. Meines trägt noch immer die Blutspuren von den Schlägen mit der Kalaschnikow, die ich während des Überfalls abbekommen habe. Die Taliban wollen der Welt zeigen, dass sie ihre Gefangenen gut behandeln.

Haji Lalai hat es eilig. Er schaut auf die Uhr und gibt Befehl zum Aufbruch: »Los«. Zwei Mudschaheddin, die ich noch nie gesehen habe, begleiten mich zum Ausgang und lassen mich in den Toyota Corolla Station Wagon steigen. Der *commandant* persönlich sitzt am Steuer. Neben ihm sitzt sein Vertreter Ali Ahmad. Hier legen sie mir – nur eine Vorsichtsmaßnahme, wie sie sagen – die Hände wieder in Ketten. Wir sind in der letzten Phase unserer Geiselhaft, jeder Zwischenfall könnte alles platzen lassen.

Ich drehe mich zum Haus um, sehe auch Ajmal herauskommen, der die ebenfalls mit Ketten gefesselten Hände zum Gruß und zum Zeichen des Siegs zusammenlegt und hochhebt. Bei meiner Ankunft in Ciampino werde ich vor der Menschenmenge aus Kollegen und Obrigkeiten, die gekommen sind, um mich zu begrüßen, dieselbe Geste tun. Sie ist der Tribut an die Öffentlichkeit und Ausdruck der unendlichen Freude über die Befreiung nach 15 Tagen in dieser schrecklichen Haft. Und sie ist Ausdruck des Dankes an all diejenigen, die uns nicht im Stich gelassen haben.

Mit Haji Lalai fahre ich in die entgegengesetzte Richtung. Wir durchqueren die Mohnfelder, fahren über kleine Brücken und Kreuzungen auf den Fluss Helmand zu. Wieder überkommt mich Angst. Meine Hände sind gefesselt, die beiden Mudschaheddin blockieren die Autotüren. Wieder befürchte ich, dass es sich bloß um eine Inszenierung handelt, weiß nicht, an wen sie mich aushändigen und wo und wie der Tausch vor sich gehen soll. Keiner sagt mir etwas. Nur Luthar, der aus dem Nichts aufgetaucht ist, hat mir bestätigt, dass ich bald frei sein werde. Von dem Moment an, als wir aus dem Haus herauskamen, hat er die Videokamera in Gang gesetzt und dann auch die kurze Fahrt in Kolonne durch die Felder und über die Kreuzungen sorgfältig gefilmt. Haji Lalai hat fachmännisch Regieanweisungen gegeben.

Wir halten mehrfach: vor einer Reihe von Lebensmittelläden und in der Nähe eines Hauses voller Taliban, die bis zu den Zähnen bewaffnet sind und auf neue Befehle warten. Die Atmosphäre ist elektrisiert, alle sind nervös und unruhig. Es wird nur über Funk geredet, keiner verwendet jetzt ein Telefon.

Wir steuern auf den Fluss Helmand zu, über dasselbe Stück Wüste, auf dem unser Fahrer so barbarisch hingerichtet wurde. Ein Panikanfall krampft mir die Muskulatur zusammen. Alle Zutaten für eine erneute Falle sind vorhanden: Die großartige Inszenierung, der Journalist mit der Videokamera, die bewaffneten Soldaten mit den von Turban und Schal verdeckten Gesichtern. Es ist vor drei Tagen passiert. Warum also nicht auch jetzt? Das Todesurteil wegen Spionage ist ausgesprochen worden, es braucht nur noch vollzogen zu werden.

Die Kolonne hält wenige hundert Meter vom Ufer entfernt. Die Anführer der Gruppe steigen aus, stellen sich unter ein paar Palmen auf und suchen mit dem Fernglas den Horizont ab. Sie telefonieren, warten auf Antwort. Die Warterei dauert mindestens zwei Stunden.

Dann kommt das Signal. Alle kehren zu den Autos zurück, lassen die Motoren an, um in entgegengesetzter Richtung weiterzufahren. In einem großen Bogen kommen wir ans Flussufer. Wir sind jetzt 300 Meter vom Ort der Hinrichtung von Sayed Agha entfernt. Der Toyota Corolla braust auf das Ufer zu und hält direkt vor einer Fähre aus Stahl.

Am anderen Ufer stehen Dutzende von Männern. Hinter mir bildet sich eine breite, kompakte Front Bewaffneter, die von überall herbeigelaufen kommen und ihre Gewehre, Panzerfäuste und schweren Maschinenpistolen hervorholen. Ich bin genau dazwischen und fühle mich mehr denn je wie eine Zielscheibe. Ich weiß nicht, was ich tun soll. Schutzsuchend hocke ich mich hinter der Fähre auf die Fersen.

Ich habe Angst, dass gleich eine Schießerei losgeht, und frage mit kaum hörbarer Stimme: »Wer sind all diese Menschen am anderen Ufer?« Endlich spricht der Kommandant Englisch mit mir. Er spricht es perfekt, wie erst jetzt herauskommt, bisher hat er die ganze Zeit gelogen. »Freunde, es sind Freunde«, sagt er. Ich traue ihm nicht und hake nach: »Afghanische, italienische, britische Soldaten? Riskieren wir eine Schießerei?« Haji Lalai beruhigt mich. Er sieht, dass seine Männer immer nervöser werden. Sie sind zu nah ans Ufer getreten, sie wollen kämpfen und schießen. Dabei gibt es nichts, wogegen sie ihre gesammelte Wut richten könnten. Er befiehlt ihnen schroff: »Haltet Abstand, nicht schießen.« Die Soldaten gehorchen. Sie bleiben stehen und bewachen unsere Überfahrt aus der Ferne.

Wir steigen zusammen mit zwei, drei, zehn Taliban, die aus dem Nichts aufgetaucht sind, in die Fähre, die sich nach einer Seite neigt. Der Strom ist stark an dieser Stelle des Flusses. Sie wird per Hand an einem Seil gezogen, das die beiden Ufer miteinander verbindet. Es dauert nur ein paar Minuten, in denen viele Hände an dem Seil ziehen, das von der Anstrengung vibriert. Ich sitze hinten im Boot, hier befreien sie mir endlich die Handgelenke von den Ketten. Sie befehlen mir, den Turban aufzubehalten, damit man die noch von auffallenden Pflastern bedeckte Wunde nicht sehen kann.

Kaum erreicht das Boot das andere Ufer, steigen alle unter Jubeln, Umarmungen, Lachen und Begrüßungen aus. Es herrscht ein enormes Durcheinander. Ich werde berührt, umarmt, von einer Seite zur anderen geschoben.

Ich bin frei. Ich bin wirklich frei. Ich lächle, denke an Ajmal, stelle ihn mir vor, wie er an einem anderen Ort in diesem Territorium, frei von Ketten, schon fast auf dem Weg nach Kabul ist. »Ich weiß es«, hatte er mir in den aufregenden Minuten unseres Aufbruchs gesagt, »sie werden mich verhaften und hinter Gitter bringen. Die afghanische Polizei wird mich verhören wollen. Das ist logisch. Aber die Art von Gefängnis ziehe ich vor: Mein Vater wird mich jeden Tag besuchen können. Ich werde mich sicher fühlen.«

Eine Hand greift nach mir, ein Arm legt sich um meine Schultern. Ich drehe mich um. Eine Stimme flüstert: »Willkommen zurück, jetzt bist du in Sicherheit.« Die Anführer, die Soldaten, alle feuern sie Schüsse aus ihren Maschinenpistolen und Kalaschnikows in die Luft. Sie feiern den Sieg. Ich zucke bei jedem Schuss zusammen, bin mit den Nerven am Ende. Die kleinste Form von Gewalt lässt mich straucheln. Ich habe zu viel davon gesehen, jetzt ertrage ich sie nicht mehr.

Noch ein letztes Mal hält mich Haji Lalai mit engelhafter Miene zurück und flüstert mir ins Ohr: »You are a lucky man.« Dann wiederholt er, was mir zwei Tage zuvor schon der Drahtzieher unserer Entführung, Mullah Dadullah, gesagt hatte: »Denk dran, dass dich Mullah Omar persönlich gerettet hat. Er hat entschieden, dass dir die Kehle nicht durchgeschnitten werden soll.« Dann fügt er ruhig hinzu, als wäre es der Wunsch nach einem Wiedersehen: »So Gott will, sehen wir uns im Paradies.«

Der Mediator

Der Mediator Rahmatullah Hanefi, der das Krankenhaus der italienischen Hilfsorganisation Emergency in Lashkargah leitet, schüttelt mich: »Los, schnell, steig sofort ins Auto ein.« Er ist abseits stehen geblieben, niemand hat ihn gegrüßt und umarmt. Wir fahren los, vor uns ein Auto, hinter uns ein Pick-up mit unseren Bürgen: vier Stammesführern, die uns auf dem gesamten Rückweg begleiten werden. 300 Kilometer durch die Wüste, mit Dünen, Felsen, Erdhügeln und kleinen Seen. Ein schwieriger Weg in angespannter Atmosphäre und feindlicher Umgebung.

Der Mediator beobachtet mich durch den Rückspiegel. Als er meine Tränen sieht und das Schluchzen hört, streckt er den Arm nach hinten aus, drückt mir die Hand und beruhigt mich. »Ich wollte nicht kommen«, sagt er, »ich riskiere hier mein Leben und das von meiner Familie. Aber Gino Strada hat mich sehr darum gebeten. Er erwartet dich.«

Langsam fange ich an zu begreifen. »Emergency?«, frage ich ihn durch die Tränen hindurch. Rahmatullah nickt lächelnd und zieht ein Dokument aus der Tasche. »Ich bin von Emergency, hier, sieh selbst. Sei ganz ruhig, du bist in Sicherheit.« Dann fährt er fort: »Seit drei Tagen und drei Nächten habe ich nicht mehr geschlafen. Wir haben hart und ohne Pause gearbeitet. Es ist wirklich schwierig gewesen, dich aus dieser Zange herauszubekommen. Ein unmögliches Unterfangen, aber wir haben es geschafft. Ich wollte nicht kommen, ich hätte es nie gewagt, dieses Territorium zu betreten. Das Risiko ist hoch, und auch jetzt ist die Gefahr noch nicht überstanden. Aber als humanitäre Organisation arbeiten wir so, das Leben hat absolute Priorität. Wir versorgen und retten Menschen, und jetzt haben wir dich und Ajmal gerettet. Dasselbe hätten wir gern für Sayed getan.«

Ich rauche ununterbrochen, weine, lasse mich gehen. Ich verscheuche die Alpträume, reagiere die Anspannung, die Ängste und all den Schmerz ab, die sich in zwei Wochen physischer und psychischer Qualen angesammelt haben.

Die Hölle liegt hinter mir, aber eine neue wirkliche Hölle wartet schon auf mich. In Wellen wird sie mich erfassen, Stunde um Stunde, wenn sich die Überraschungen, Schocks, Festnahmen, Vorwürfe und Drohungen förmlich überschlagen. Und dann kommt der letzte Schlag, der mich vollends niederschmettert: der Tod meines afghanischen Dolmetschers. Sie werden ihn noch einmal zwei Wochen gefangen halten, bevor sie ihm die Kehle durchschneiden, ihn enthaupten, womöglich auf die gleiche Weise, auf die sie unseren Fahrer ermordet haben. Verraten von den Taliban, von sich selbst, von jemandem, der mit unseren Leben ein Spiel gespielt hat, das größer war als wir.

Vor Sonnenuntergang ist es Zeit für das vorletzte Tagesgebet. Im Westen verschwindet die Sonne hinter den Sandhügeln. Der Himmel ist rot-orange, lange violette Streifen kündigen die Nacht an. Rahmatullah hat schon seinen Schal Richtung Mekka ausgebreitet, die Stammesführer legen ihre daneben aus. Alle beten schweigend, wie ich das so oft in meiner Gefangenschaft habe beobachten können. Auch ich bete ein wenig abseits zu meinem Gott. Ich danke ihm, dass ich noch am Leben bin, danke ihm auch für Ajmal. Ich denke an meinen Freund, frage mich, was er gerade tut und wer ihn nach Kabul begleitet haben mag. Ich erinnere mich an die von ihm in den letzten Tagen durchlebten Ängste, als die Hoffnung auf eine unmittelbar bevorstehende Freilassung und die Verzweiflung uns abwechselnd euphorisierten und vollkommen entmutigten. Ich habe immer versucht, nicht in den Brunnen der Verzweiflung zu fallen, und die Hoffnung darauf, lebendig aus der Sache herauszukommen, zu stärken. Wir hielten die Hoffnung am Leben, weil es die einzige Möglichkeit war durchzuhalten.

Mit leiser Stimme frage ich Rahmatullah, ob es Nachricht von meinem Freund gibt, und schaue mich dabei misstrauisch um. Ich fühle mich nicht sicher, noch sind wir mitten in der Wüste auf dem Territorium der Taliban. Sie könnten uns jederzeit noch einmal anhalten, überfallen, entführen. Die Vorstellung allein versetzt mich in Panik: Ich weiß nicht, ob ich das ein zweites Mal durchstehen würde nach diesen zwei Wochen Alptraum.

Der Mediator von Emergency antwortet nicht. Er steigt ins Auto und fordert mich auf, es ihm nachzutun. Wir haben es eilig, der Himmel wird immer dunkler, und bis Laschkargah ist es noch weit. Ich betrachte die Dünen und die großen Pfützen, die sich in Teiche verwandelt haben, die Kamelherden, die an ihren Ufern trinken. Mir ist völlig klar, dass ich es nicht allein geschafft hätte, das Herz des talibanischen Territoriums zu verlassen. Eine Flucht wäre unmöglich gewesen, sie hätten mich sofort erwischt und wahrscheinlich getötet. Selbst die Stammesführer haben Mühe, die Wege zu finden, die sich nur schwach auf diesem Stein- und Sandteppich abzeichnen. Zu unserer Linken sind am Fuß einer hohen Sanddüne die Profile einiger gepanzerter Fahrzeuge zu sehen. »Engländer«, erklärt Rahmatullah. »Sie halten Abstand und wachen über uns, ohne einzugreifen.«

Die Landschaft ändert sich schnell, endlich schlagen wir eine asphaltierte Straße ein. Dörfer säumen den Straßenrand, Männer und kleine Jungs sitzen an den Kreuzungen, sie beobachten uns neugierig und zugleich misstrauisch. Wenige Kilometer vor der Stadt halten wir an und verabschieden uns von unseren Bürgen, hier endet ihr Geleit. Rahmatullah kommt endlich mit dem Handy zu Emergency durch. Er erklärt Gina, der Mitarbeiterin von Gino Strada, wo wir sind und wann wir ankommen werden. Und außerdem: »Sie sind frei. Daniele sitzt hier mit mir im Auto. Er ist gesund und munter.«

Jetzt sitze ich neben ihm auf dem linken Vordersitz. Der Škoda hat das Steuer nach englischer Manier rechts. Es ist ein brandneues Modell, über die Sitze sind noch die Plastikschutzbezüge gespannt. Der Mediator sieht ständig zu mir hin. Er überwacht mich, er befürchtet wohl, dass ich zusammenbrechen könnte, dass mein Kopf nicht richtig funktioniert. Und er hat Recht: Ich habe Mühe zu begreifen, was mit mir geschehen ist, wo ich bin und wohin ich gebracht werde. Noch bin ich wie von einer Seifenblase umhüllt. Ich weiß gar nichts mehr, fühle mich nur durchgeschüttelt, als würde ich einen Film über mich selbst anschauen. Damit schütze ich mich instinktiv, denn meine Psyche fängt an, mir böse Streiche zu spielen. Ich bin erstaunt, dass ich überhaupt noch durchhalte. Die Technik habe ich womöglich von meiner Mutter geerbt: Angesichts großer Schmerzen, Spannungen oder Tragödien geht sie auf Distanz, und das schützt und rettet sie. Damit schont sie ihre Kräfte, um im entscheidenden Moment wie eine Löwin kämpfen zu können. Sie hat fünf Kinder großgezogen und ist ihrem Mann in jeden noch so entlegenen Winkel der Welt gefolgt.

»Gino erwartet dich«, sagt Rahmatullah, »er muss mit dir sprechen. Er will dir vieles erklären.« Als ich rechts aus dem Fenster schaue, bleibt mir das Herz wie so oft für den Bruchteil einer Sekunde stehen: Diese Ansammlung von Häusern aus Lehm und Stroh, die an der Straße stehen, kenne ich. Es ist der Ort, an dem sie uns den Weg versperrt und uns entführt haben. Ich zeige sie dem Mann, der mich gerettet hat. Er fragt: »Bist du ganz sicher?« Ich schaue wieder hin, aber jetzt sehen die Häuser alle gleich aus. Ich erkenne noch andere Kreuzungen, aber die Landschaft ist einfach dieselbe. Nein, sicher bin ich mir über gar nichts mehr. Auf meine Frage, wie weit es noch bis Laschkargah ist, antwortet mir der Mediator, es seien noch etwa zehn Kilometer. Er erklärt mir, dass wir zwar nicht weit von hier, aber doch in einer anderen Gegend überfallen worden sind. Er sagt das, weil er es weiß: Der Fahrer Sayed war in dieser Gegend sehr bekannt, und sein Bruder Mohammed Daoud hat als Erster Alarm geschlagen, als Sayed am Montag, dem 5. März, nicht nach Hause zurückkam. Der uns gestellte Hinterhalt ist in allen Details rekonstruiert worden.

Ein Licht in der Dunkelheit

Wir stehen vor dem Tor des Sitzes von Emergency. Als sie uns öffnen, fahren wir hinein. Ich steige aus dem Auto, sehe sofort Gino Strada mit seinem fast weißen Bart, den langen Haaren und den vor Müdigkeit und Anspannung geröteten Augen. Zwischen den Fingern hält er wie immer eine Zigarette. Wir fallen uns in die Arme und halten einander ganz fest. Immerzu sage ich: »Danke, danke, du hast mich gerettet. Ich bin am Leben, ich kann dich spüren.« Er drückt mich an sich und sagt mir, dass es »hart gewesen ist, ganz hart«, dass er wirklich Lärm machen musste, drohen, dann wieder nachgeben, Widerstand leisten, kämpfen. »Ich habe große Mühe gehabt, sie dazu zu bringen, das Messer stecken zu lassen«, fügt er hinzu, betont die Mühen und das erreichte Ergebnis. Aber das hat er verdient: Auch er muss die aufgestaute Spannung loswerden, es gibt keine Polemik oder Manipulation in seinen Worten.

Die Telefone spielen verrückt. Das gesamte Personal begrüßt mich, um die 20 junge Frauen und Männer: Ärzte, Krankenpfleger, Spezialisten, Sanitäter und Techniker. Sie klopfen mir auf die Schulter, drücken mir die Hand, umarmen mich und sagen Hallo, stoßen kurz an mit mir vor einem Tisch mit lauter Leckereien, von denen ich in meinen Zellennächten nur habe träumen können. Stradas Mitarbeiterin Gina untersucht mich rasch. Sie begutachtet die Wunde am Kopf und kontrolliert meine Augen. Da ich unaufhörlich am ganzen Körper zittere, verabreicht sie mir zehn Beruhigungstropfen, die meine Zuckungen beenden, mir aber nur wie einfaches, frisches Wasser vorkommen. Ich rauche viel, zu viel.

Die wenigen noch funktionierenden Telefonleitungen laufen heiß, ein Anruf folgt auf den nächsten, von Minute zu Minute werden es mehr. Ich spreche mit vielen Leuten, vor allem mit Kollegen. Ich kenne ihre Arbeit und weiß, was in ihnen vorgeht – sie wollen mich um jeden Preis erreichen. Zuallererst rede ich mit meinem Chefredakteur Ezio Mauro. Er sagt kurz Hallo und reicht mich sofort an meine Frau Luisella weiter. Ihre Stimme schlingt sich mir ums Herz, drückt es fest, erreicht meinen Magen, den sie wie einen Handschuh von innen nach außen stülpt, mir gegen das Brustbein wirft und dann wieder wie einen Schleier, der endlich zur Ruhe kommt, an seinen Platz fallen lässt.

In mir steigt eine Traurigkeit auf, die mich vollständig übermannt: Ich weine heftig, und die Schluchzer verzerren mein Gesicht. Die Leute von Emergency verlassen den Raum und schließen rücksichtsvoll die Tür. Luisella gegenüber bringe ich nur hervor: »Es war schrecklich, schrecklich, schrecklich.« Als sie den Hörer wieder an den Chefredakteur übergibt, reiße ich mich zusammen. Er tröstet mich und fragt, ob ich in der Lage sei zu schreiben. Damit trifft er meinen Stolz. Er weiß genau, dass ich meine Aufträge immer erfülle. Ich antworte, dass ich bereit bin. Um in die Welt der Lebenden zurückkehren zu können, brauche ich ein Gefühl von Normalität: Das Schreiben wird mir gut tun, und ich habe zwei Wochen lang nur wenig gesprochen und noch weniger verstanden. Ich will all die Frustration, die ich während dieses erzwungenen Schweigens angesammelt habe, in die Tasten hauen, will die Geschichte, die mein Leben verändert hat, in den Computerspeicher leeren. Ich schreibe wie besessen, ohne Brille, die mir die Taliban im Moment des Überfalls weggenommen hatten.

Gino Strada sitzt neben mir und erzählt mir von dem, was während unserer Geiselhaft geschehen ist. Im Eingangsraum herrscht großes Durcheinander, Fotos werden geschossen und ein Video zu Ende gedreht, das Minuten später im Netz gezeigt wird. Gino kündigt mir mit lauter Stimme an: »Da ist Ajmal, auch er ist angekommen. Sie machen gerade Fotos von ihm. Bitte lasst ihn herkommen.« Ich warte ein paar Sekunden, bin aber so erledigt, verwirrt und aufgewühlt, dass ich alles um mich vergesse und weiter an meinem Text schreibe.

Ich rauche und knabbere an einem Stück Käse, aber mein Magen ist zu. Ich brauche vor allem Wasser, ich fühle mich dehydriert. Ich rufe die Zeitung an und schicke die Reportage ab. Obwohl ich völlig fix und fertig bin, hält mich das Adrenalin wach. Es ist längst Nacht, die Wanduhr zeigt auf 2 Uhr 30. Wir gehen schlafen, am nächsten Morgen müssen wir früh aufstehen, um nach Kabul zurückzukehren. Gino Strada sagt mir, dass wir unter Geleit von Emergency mit dem Auto nach Kandahar fahren. Das finde ich gefährlich, die Vorstellung gefällt mir gar nicht. Ich sage ihm, dass ich darüber nachdenken werde, weiß aber, dass ich eigentlich keine Alternative habe: Mein Retter weiß am besten, wie er mich sicher transportieren kann.

Ich schlafe zwei Stunden zusammengerollt in meinen Kleidern, mit dem grünen Schal decke ich mich zu. Kurz nach dem Morgengrauen wache ich ganz plötzlich auf. Ich schleppe mich zu dem großen Saal, wo das Frühstück schon bereit steht, suche nach dem gelben Tee, an den ich mich so gewöhnt habe, greife nach ein paar Krumen Brot, koste und schlucke nur mit Mühe. Irgendwer ist schon auf. Ich frage nach Ajmal. Sie antworten: »Wir haben keine Nachricht von ihm. Gino hat sich getäuscht, er hat einen neuen Angestellten im Krankenhaus, den er nicht kannte, mit Ajmal verwechselt.«

Der Gründer von Emergency stürmt in den Korridor, der zu den Räumen führt. Er ist ganz aufgelöst, sein Haar noch zerzauster als sonst. Er schreit: Sie haben Rahmatullah zu Hause, auf der Straße oder hier vor der Tür abgefangen und verhaftet. Wir müssen unbedingt herauskriegen, worum es geht und was sie ihm anlasten.« Er ist verzweifelt und wütend, raucht und schnaubt vor sich hin, während er wie ein Löwe im Käfig auf dem Korridor hin und her läuft. Gino Stradas Wut lähmt mich, und die Nachricht von der Festnahme des Mannes, der mich persönlich abgeholt und gerettet hat, schockiert mich. Ich spüre, dass da gerade etwas Schreckliches geschieht. Der Alptraum ist noch nicht zu Ende.

Ich rekapituliere hastig. Ich bin befreit worden, die afghanische Polizei sucht mich sicher und will mich verhören. Ich befinde mich in einer heiklen Lage, ich muss vorsichtig sein. Bei den Taliban habe ich gelernt, niemandem zu vertrauen, gut zu überlegen, bevor ich handele, und jedes Wort auf die Goldwaage zu legen.

Auf der Straße am Tor ist Geschrei zu hören, es wird gegen die Tür geschlagen. Ein Security-Mann des Krankenhauses betritt atemlos den Saal. Er sagt, dass draußen mindestens 200 Menschen stehen und protestieren. Viele von ihnen gehören zum Familienclan von Sayed Agha. Sie fordern Einlass und wollen präzise Informationen über ihren Angehörigen. Gino Strada ist beunruhigt, er befürchtet, dass sie das Tor stürmen könnten, auch weil die Menge von Minute zu Minute größer wird und mit Stöcken und Steinen bewaffnet ist. Die Menschen draußen schreien herum und schlagen gegen das große weiße Eisentor.

Die Security-Leute legen uns nahe, uns von den Fenstern und der Umfassungsmauer fern zu halten, daher ziehen wir uns zusammen mit dem Personal von Emergency in den internen Garten zurück. Die Ärzte und Sanitäter führen mich zu einem Raum, damit ich die Kleider, die ich trage, ausziehen kann. Ich bin kein Talib und habe nicht die Absicht, mich mit einem verwechseln zu lassen.

Ich habe Angst. Auf der Suche nach einem Versteck schaue ich mich im Raum um. Ich fühle mich wie ein gehetztes Tier. Ich bitte um andere Kleider. Gina reicht mir eine braune Hose. Ein junger, ziemlich verloren aussehender Mann bietet mir ein graues Sweatshirt an. »Nimm«, sagt er mit erstickter Stimme. »Du kannst es mir zurückgeben, wenn das alles vorbei ist.« Ich ziehe mich schnell um und greife auch nach einem Paar grünen OP-Clogs, die ich in einer großen Kiste finde. Ich suche noch immer nach einem Ort, an dem ich mich schützen und verstecken kann. Falls sie das Tor stürmen, werde ich unter das Bett kriechen, beschließe ich panisch. Vielleicht finden sie mich dort nicht.

Draußen wird die Menge immer größer, inzwischen werden es mehr als 300 Menschen sein, und die Polizei kann sie kaum noch zurückhalten. Eine Delegation von vier, vielleicht fünf Leuten darf hereinkommen, ein paar von ihnen sind jung, alle sind mit Sayed verwandt. Sie setzen sich um einen Tisch herum und sprechen mit Gino Strada. Als sie nach mir fragen, trete ich ein und setze mich zu der Gruppe. Ein Cousin des Fahrers kommt gleich auf den Punkt. Er fragt mich mit vor Angst geweiteten Augen: »Hast du auch Sayeds Befreiung gesehen? Wo haben sie ihn hingebracht?«

Ich bin wie vom Donner gerührt. Jetzt wird mir klar, dass das Video von seiner Enthauptung nie übergeben oder veröffentlicht wurde. Seit diesem barbarischen Mord sind fünf Tage vergangen, und niemand weiß etwas davon. Selbst sein

Clan, diese große Sippe, die uns da draußen belagert, ist überzeugt, dass er noch am Leben ist. Es scheint paradox, aber das ist Afghanistan.: Nachrichten können sich wie Lauffeuer verbreiten oder mit der Langsamkeit einer Schnecke reisen. In den von den Taliban kontrollierten Gebieten dringt ohnehin nur das durch, was sie verbreiten wollen. Die Taliban sind es, diese Diktatoren der Scharia, die die volle Kontrolle über die Entführung haben, aus der sie den maximalen politischen Profit ziehen wollen. Sie verbergen die Schrecken und verherrlichen die Erfolge. Jetzt weiß ich gar nicht mehr, was die freie Welt eigentlich über uns, über unsere Entführung und über unsere zwei Wochen Gefangenschaft weiß. Aber die Wahrheit über Sayed kenne ich, und ich sage sie den Angehörigen.

Ich antworte zügig und mit sichtbarem Staunen: »Sie haben ihn vor meinen Augen umgebracht.« Ihre Reaktion ist heftig. Sie schreien auf: »Wo? Wer war es? Du musst uns sagen, wer seine Mörder sind.« Ich habe Angst und weiß gar nicht, was ich antworten soll. Ich kann nicht lügen, schon gar nicht angesichts eines so grausamen Todes. Ich schaue Gino Strada an und sehe, dass er verwirrt und besorgt ist. Der junge Mann vor mir schaut mich ernst an, ereifert sich, hakt nach: »Du hast gesagt, dass sie ihn umgebracht haben. Du musst uns sagen, wo, und wer das getan hat. Wir werden alle zusammen sofort hingehen und uns rächen.« Ich stoppe sie, bitte sie, sich zu beruhigen und geduldig zu sein.

Jetzt kommt ein afghanischer Polizist herein, ein höherer Dienstgrad, ein Hauptmann womöglich. Er lächelt und beruhigt sie wieder. Er schreibt die Fragen und die Antworten auf. Ich bin noch immer verwirrt und schockiert darüber, dass Sayeds Familie nichts von seinem Tod wusste. Ich frage mich, wie viel von der Wahrheit überhaupt nach außen gedrungen ist, wie viele der gedrehten Videos überhaupt weitergegeben worden sind. Ich begreife, dass das Spiel komplexer ist, als wir dachten, dass womöglich sogar noch ein ganz anderes Spiel gespielt wird. Der verhaftete Mediator, die zurückgehaltenen Informationen, die Wut der Verwandten. Plötzlich fühle ich mich wieder sehr allein und verletzlich, wie ein beliebig einzusetzender Bauer auf dem Schachbrett dieses endlosen Alptraums.

Die Spannung lässt nach, die Menge verläuft sich, umhüllt von Trauer und wachsendem Schmerz. Die nächsten zwei Stunden halten wir uns sicherheitshalber in ein paar Räumen auf und warten. Die Jungs von Emergency bilden im Korridor einen lebendigen Schutzschild für mich. Keiner spricht, alle sind beunruhigt. Gefahr liegt in der Luft, ich sehe, wie Gino Strada händeringend nach einer Lösung sucht. Wir müssen dieses Gebäude verlassen, auch er hält es für nicht sicher genug. Eine Menschenmenge fällt auf und zieht noch mehr Menschen an. Sogar Gruppen von Taliban könnten schon da sein und nur darauf warten, in Aktion zu treten. Ebenso Banditen, Kriminelle oder auch die Polizei, die kaum zufrieden sein wird damit, wie die Verhandlungen ausgegangen sind.

Rom ist am Telefon. Es ist Luisella. Ihre Stimme klingt ruhig wie immer in den heikelsten Momenten. Sie sagt zu mir: »Hör mir gut zu. Du darfst auf gar keinen Fall nach Kandahar fahren. Du musst zu den Engländern gehen. Die Taliban wollen dir einen Hinterhalt legen. Sie wollen dich noch einmal entführen.« Sie gibt mich an den Chefredakteur Ezio Mauro weiter, der dieselben Sätze sagt: »Wenn sie dich noch einmal erwischen, kriegen wir dich nicht mehr heraus. Tu, was Luisella dir gesagt hat.«

Gino Strada verzichtet auf den Transfer nach Kandahar. Trotz vieler Zweifel stimmt er dem Plan zu, zu der englischen

Militärbasis zu fahren, die sich in Laschkargah befindet, nur zwölf Kilometer vom Emergency-Krankenhaus entfernt. Der Transfer soll in zwei Etappen erfolgen: Die erste bis zum Krankenhaus, die zweite zur britischen Militärstation. Wir bitten um Polizeischutz, zwei große, bemannte Jeeps stehen draußen vor dem Tor. Für uns selbst verwenden wir Zivilautos, keine Geländewagen und keine Aufkleber von Emergency.

Ich setze mich auf den Rücksitz und werfe mir eine Decke über. Ich zittere schon wieder, bin erschöpft, stehe kurz vor dem physischen und psychischem Zusammenbruch. Verloren schaue ich mich um und bete noch einmal zu meinem Gott, bitte ihn noch einmal um seinen Schutz. Wir erreichen das Krankenhaus und besichtigen in der knappen Stunde, die wir uns dort aufhalten, die Abteilungen. Der Blick dieser kranken oder verletzten Kinder ist leer, nur durch den Besuch der Ärzte, die in unserem Konvoi mitgefahren sind, lassen sie sich aufmuntern.

Es fallen kaum Worte. Alle haben Angst, alle wissen, dass uns die Kontrolle über die Lage jederzeit entgleiten kann. Es gibt viele Menschen, die uns in diesem Moment lieber tot sähen. Wir müssen dieses Territorium sofort verlassen, keiner ist hier in Sicherheit. Später habe ich erfahren, dass die Belagerung noch weitere fünf Tage anhielt: Das gesamte Personal saß im Krankenhaus fest. Drohungen seitens der Taliban, vielleicht auch seitens der afghanischen Polizei haben zu Massenkündigungen der lokalen Mitarbeiter von Emergency geführt. Das hatte es in den vielen Jahren seiner Existenz noch nie gegeben.

Mithilfe eines intensiven Austauschs von Telefonaten zwischen Kabul, Rom und Laschkargah bitten wir die Polizei um weiteren Begleitschutz. Wir lassen das Krankenhaus hinter uns. Zehn Kilometer müssen wir auf den verlassenen Straßen quer durch die Stadt fahren, beobachten jede Ecke, jedes verdächtige Fahrzeug und vor allem die Kreuzungen genau, wo uns eine Panzerfaust besonders leicht treffen könnte.

Mit wild schlagenden Herzen erreichen wir die englische Militärbasis. Sie öffnen uns die Tore, wollen aber zuerst unsere Ausweise sehen, obwohl sie wissen, wer wir sind. Endlich lassen sie uns ein. Gino Strada ist noch immer sehr besorgt. Wir werden von zwei Männern, Italienern in Zivil, begrüßt. Sie reden nur wenig und wirken angespannt. Sie treten näher, und einer von ihnen sagt leise: »Wir waren immer da, bei dir und den anderen. Wir wussten, wo sie dich gefangen hielten, du standest jede Minute unter Beobachtung.« Jetzt ist mir klar, wer sie sind: Männer unseres Geheimdienstes. Ich antworte nicht, ich habe noch nicht einmal mehr die Kraft zu lächeln.

Aus Minuten werden Stunden. Es gibt Schwierigkeiten mit dem Transfer zu der nächsten Militärbasis, wo Flugzeuge landen können. Das bedeutet weitere Telefonate, weiteren Druck, eine weitere Verzögerung. Als der Hubschrauber endlich kommt, steigen wir zusammen mit mehreren britischen Soldaten eilig ein. Es sind zehn Minuten Flugzeit bis zu der mitten in der Wüste gelegenen Basis, wo gerade eine C-130 mit den italienischen Nationalfarben landet. Sie soll unsere Gruppe aufnehmen, etwa ein Dutzend Leute: Da sind Gino Strada und ich, die Jungs von Emergency und die beiden Geheimagenten. Bei der Ankunft werden Hände geschüttelt, die nur schwach lächelnden Gesichter verraten etwas von der Anspannung, die in diesen Minuten herrscht. Der Begleitschutz formiert einen Kreis um uns herum und bahnt uns den Weg zum Hintereinstieg des Militärflugzeugs. Mit angelegten Gewehren treten sie zurück.

Wir heben ab und fliegen in die Dunkelheit, die sich schon

über ganz Afghanistan ausgebreitet hat. Wir landen in Kabul. Gino Strada will eine Pressekonferenz geben, aber dafür ist keine Zeit: Der *Executive Jet* des Ministerpräsidenten wartet schon mit laufenden Motoren auf der Startbahn. Ich schaffe es gerade noch, Ettore Sequi, den Botschafter, zu grüßen und zu umarmen. Ich drücke ihn fest, er ist ein Freund.

Der Jet ist klein, aber komfortabel. Beide Piloten kommen mir entgegen. Aus ihren Blicken versuche ich herauszulesen, was während unserer Geiselhaft in Italien vor sich gegangen ist. In dem allgemeinen Durcheinander habe ich bislang kaum etwas erfahren. Ich weiß nur, dass die Unterstützung so groß gewesen ist, wie ich es mir nie hätte vorstellen können. Ich setze mich auf einen der acht Ledersitze in der vorderen Kabine. Sie sind bequem und um zwei kleine Tische angeordnet. Neben der Stewardess ist auch ein Mann an Bord. Ich denke mir, dass er zu unserem Geheimdienst gehören muss. Sie schütteln mir die Hand. »Willkommen«, fügen sie mit einem Lächeln hinzu.

Der kleine Jet startet. Mit den Turbinen auf Volllast überfliegt er die Berge rings um Kabul. Nach sechs Stunden Flugzeit werden wir Ciampino erreichen. Endlich kann ich mich entspannen. Ich denke an Afghanistan, an die Monate, die ich in diesem Land verbracht habe, an die Schneestürme und an die drückenden Hitzewellen. Tief in mir weiß ich, dass ich nie wieder herkommen werde.

Jetzt bin ich wirklich frei, in Sicherheit und am Leben. Ich muss etwas für die Zeitung schreiben. Botschafter Sequi hat mir den Laptop des Kollegen Attilio Bolzoni überreicht, der in Kabul geblieben ist, und einen Brief mit ein paar Hinweisen von meinem Chefredakteur. Ich frage die Stewardess, ob ich rauchen darf. »Ich weiß, dass es verboten ist«, entschuldige ich mich, »aber ich brauche wirklich eine Zigarette.«

Der Pilot hat nichts dagegen. Sie schließen den Vorhang, der die Kabine vom Cockpit trennt, und bieten mir alle möglichen Drinks an. Ich brauche vor allem Wasser, erlaube mir aber zum ersten Mal seit zwei Wochen ein Bier und einen Gin tonic.

Ich konzentriere mich auf den Bericht. Ich schreibe zügig alles auf, woran ich mich erinnere. Über die Taliban, ihr Leben und unsere Gespräche, über die Ängste und Beklemmungen, die uns ständig überfielen. Ich schreibe, und ich denke nach. Vielleicht träume ich mit offenen Augen. Mein innerer Blick führt mich zurück zu den Räumen unserer Gefangenschaft, zu den Fahrten durch die Wüste, den Gewehren, den Turbanen, den schmutzigen Wänden. Ich höre die Geräusche der Geiselhaft, ich rieche ihre Gerüche.

Ich frage, wie lange es noch bis zu unserer Ankunft dauert. Drei Stunden. Also kann ich meinen Artikel nicht persönlich abgeben. Ich muss ihn vorausschicken. Der Jet ist zwar hervorragend ausgestattet, aber die Internetverbindung streikt. Es ist ja nicht das erste Mal, dass dieser Artikel, der eigentlich als Interview mit einem Taliban-Kommandanten geplant war, auf Hindernisse stößt. Offensichtlich bleibt es bis zum Ende dabei. Ich frage, ob es ein Telefon an Bord gibt. Ich werde auf das alte, längst nicht mehr übliche System zurückgreifen und den Artikel genau so diktieren wie früher. Dann kann ihn die Zeitung in der morgigen Ausgabe drucken.

Ich rufe an und diktiere den Bericht auf den Call Recorder. Am anderen Ende der Leitung ist man sehr glücklich und überschüttet mich mit Worten der Zuneigung. Immer noch benommen und verwirrt lege ich auf. Ich versuche, mich zu entspannen, aber das Adrenalin lässt mich kein Auge zutun. Die Freude darüber, frei und am Leben zu sein, wechselt mit Momenten der Angst, in denen mich die erlebte Gewalt und das gesehene Blut bedrängen. Ich gehe zum Cockpit, um mich abzulenken, rede mit dem Piloten und seinem Kopiloten, beobachte den Sternenhimmel und unter uns die Lichter einer Stadt. Ich kehre an meinen Platz zurück. Mein Kopf ist vollkommen leer, ich kann nicht mehr denken und befürchte gleich umzufallen.

Wir landen. Die Tür des Jets geht auf, die Treppe wird heruntergelassen. Ich stehe auf. Ich will nicht angespannt und erledigt aussehen, wenn ich herauskomme. Ich will nicht wie jemand erscheinen, der von unseren Kidnappern, den Taliban, besiegt worden ist. Ajmal und ich haben für unsere Freiheit gekämpft. Das müssen wir der Welt sagen, und wir müssen unsere Freude und unseren Schmerz wegen der Ermordung unseres Fahrers Sayed Agha herausschreien. Ich hebe die Arme zum Himmel. Denn ich bin in Italien und am Leben. Ich bin einem Schlachthof entronnen.

Zwei Jahre danach

Noch Stunden später bin ich in diesem Zustand der Betäubung. Der Flughafen ist voll mit Leuten. Da sind die Obrigkeiten. Premierminister Romano Prodi, die Agenten des Geheimdienstes SISMI, die Carabinieri des Sondereinsatzkommandos, der Verleger meiner Zeitung Carlo De Benedetti, der Chefredakteur Ezio Mauro. Außerdem meine Frau Luisella und meine Kinder Michele und Alice. Meine Tochter bricht einfach das steife Protokoll und kommt mit einem befreienden Aufschrei auf mich zugerannt, um mich noch unter der Treppe zu umarmen. Und dann sind da Freunde, Kollegen, meine Brüder und Schwestern und meine Mutter, die die ganze Zeit überzeugt war, dass ich zurückkommen würde. Ich winke, schüttele Hände und umarme jeden. Ich brauche menschlichen Kontakt, Zärtlichkeit und Halt. Ich brauche das, um zu spüren, dass ich am Leben bin. Alle wollen feiern. Meine Rettung, die Zehntausende von Menschen in Atem gehalten hat, zerrissen zwischen der Angst, mich für immer verloren zu haben, und der Hoffnung, dass das Wunder wahr werden könnte.

Ich denke an Sayed, an diesen jungen Mann, den ich nur wenige Stunden gekannt habe und dem vor unseren Augen die Kehle durchgeschnitten wurde. Ein entsetzlicher, absurder, unverständlicher Tod. Er wird mich in vielen langen Nächten verfolgen, in denen ich plötzlich schweißgebadet und mit wild klopfendem Herzen aufwache. Ich denke an Ajmal, den ich schon in Kabul vermute, geborgen im Kreis seiner Familie.

Zwei Tage wird nur gefeiert, und ich bemühe mich, in die reale Welt zurückzufinden. Noch verstehe ich überhaupt nicht, was in Italien und sonst wo auf der Welt vor sich gegangen ist. Ich vermeide es, mir zu viele Fragen zu stellen: Die Gefangenschaft hat mich an das Schweigen gewöhnt. Ich versuche, Satzfetzen und Andeutungen zu interpretieren, die ich in dem Stimmenchaos aufschnappe, aber nicht wirklich entschlüsseln kann. Sie kommen mir fremd vor. Ich selbst komme mir fremd vor. Alles kommt mir fremd und anders vor. Aber der eigentliche Sturm ist noch gar nicht da. Er kündigt sich in Böen an. Ajmal ist noch in Gefangenschaft. Sie hatten ihn zwar freigelassen, auf dem Heimweg aber wieder abgefangen. So wie sie es auch mit mir vorhatten. Niemand hatte mehr davon gesprochen. Die Festnahme des Mediators hatte im Vordergrund gestanden. Der Alptraum ist noch nicht zu Ende. Er setzt sich fort, heftiger als zuvor.

Mullah Dadullah fühlt sich unbesiegbar. Er ist arrogant und menschenverachtend. Er schickt ein Video an Al Dschasira und spielt seine letzte Karte aus. Er will die italienische und die afghanische Regierung in Schwierigkeiten bringen. Er will Zwietracht säen und die Beziehungen zwischen den beiden Ländern gefährden. Er hat noch einmal gelogen und sein Gino Strada gegebenes Wort gebrochen. Er verkündet: »Ajmal ist in unseren Händen.« Und erhöht den Einsatz: »Karsai muss noch sechs gefangene Taliban freilassen.« Dann kommt das Ultimatum: »Wenn unsere Forderungen nicht erfüllt werden, werden wir Ajmal töten.« Eine kalte, eine eiskalte Dusche.

Ich versuche zu verstehen, wie das passiert sein kann. Bild für Bild lasse ich die letzte Szene noch einmal in Zeitlupe an mir vorüberziehen. Unsere Befreiung, wie die Ketten unter den Schlägen mit Stein und Ahle zerschlagen werden, unsere Umarmung, die Tränen, die über unsere angespannten Gesichter fließen, das Versprechen, uns in Kabul, Rom, London wiederzusehen. Ich sehe noch einmal sein Lächeln vor mir, als er in einem Konvoi losfährt, seine erhobenen Hände, mit denen er mir zuwinkt, und wie er sich in die mir entgegengesetzte Richtung entfernt.

Es war eine dieser Inszenierungen, wie wir sie schon während unserer Gefangenschaft immer wieder erlebt hatten. Ein Beispiel war Sayed, als sie ihn fortbrachten und uns sagten, sie hätten ihn freigelassen. Aus dem Fest wird ein Drama, dann Angst und schließlich Trauer. Ich denke auch an Rahmatullah Hanefis Festnahme. Jetzt interpretiere ich sie wie eine Vergeltungsmaßnahme, eine Art Rachespiel zwischen den Zwillingsseelen der afghanischen Geheimdienste. Der Mediator gegen den Neffen eines hohen Funktionärs der Zentralpolizei in Kabul. Der Drahtzieher unserer Entführung macht es sehr deutlich. Er hat herausgefunden, was Ajmal zwei Wochen lang hatte geheim halten können. Seine Verwandtschaftsbeziehung stellt einen erschwerenden Umstand dar. Er ist ein gefährlicher und unbequemer Zeuge.

Ich konzentriere mich auf seine Befreiung und arbeite Tag und Nacht. Ständig rufe ich in Kabul an und spreche mit den lokalen BBC-Journalisten. Ich schreibe und diktiere per Telefon einen Appell, den ich an die Kidnapper persönlich richte. Ich mobilisiere die lokalen Zeitungen, nehme an der von *La Repubblica* organisierten Kampagne teil, spreche mit dem afghanischen Botschafter in Italien. Aber das Urteil ist bereits gefällt. Die Falle hat sich in eine Schraubzwinge verwandelt, die unaufhaltsam enger gezogen wird. Am Ostersonntag, dem

8. April 2007, trifft mich die brutale, grausame Nachricht wie ein Messerstich in den Magen. Ich erbreche den Ziegenbraten, den ich gerade gemeinsam mit meiner Familie gegessen hatte, um einen ohnehin traurigen und angstvollen Tag zu feiern. Auch Ajmal ist auf irgendeinem verlassenen Landstrich enthauptet worden. Ich verliere einen Kollegen, mit dem ich fünf Jahre meines Lebens zusammengearbeitet und zwei Wochen schrecklicher Gefangenschaft geteilt habe, jemanden, mit dem ich ganze Abende verbracht und über unzählige Projekte und Pläne phantasiert habe.

Zwei Jahre sind seitdem vergangen. Mir kommt es vor, als wären es zehn. Die Zeit heilt die Wunden der Seele und mildert den Schmerz um den Verlust zweier Mitarbeiter. Zwei Menschen, die von dir abhängen und denen du an Kriegsschauplätzen dein Leben anvertraust. Eine unauflösliche Bindung, die keine Polemik brechen kann, schon gar nicht, wenn man sie manipulativ einsetzt. Was bleibt, ist der Kummer darüber, dass ich diese Menschen nicht retten konnte. Wir waren in ein Spiel verwickelt, das größer war als wir. Jetzt kann ich in Ruhe, jenseits der Emotionen und frei von den unvermeidlichen Schuldgefühlen, nachdenken über das, was geschehen ist. Darüber, wann und wie sich die Dinge verändert haben. In Afghanistan, in Italien, in den USA, in der ganzen Welt. Ich sinne darüber nach, wie anders es heute ist, Journalist zu sein und die Ereignisse zu verfolgen, angesichts der enormen Geschwindigkeit, mit der sich inzwischen Information verbreitet, und der Menge an Informationskanälen.

Ich denke oft an Ajmal und Sayed. Ich weiß, dass es ihren Familien jetzt gut geht, sie werden durch eine Spendenaktion, die italienische Journalisten in die Wege geleitet haben, unterstützt. Die junge Frau meines Dolmetschers ist in ihre

Heimatregion zurückgekehrt und hat eine Arbeit als Krankenschwester gefunden. Man sagt mir, dass sie viele Pläne hat und dass sie ihre Trauer mit viel Kraft und Würde gelebt hat. Sayeds Frau dagegen hat sich mit dem in Italien gesammelten Geld ein Geschäft und ein Haus kaufen können und lebt weiterhin in Laschkargah, zusammen mit ihren fünf Kindern. Die große Sippe, zu der sie gehört, beschützt sie und lässt es ihr an nichts mangeln. Ajmals Brüder leben über die Welt verteilt, sie studieren und arbeiten.

Nach drei Monaten Gefängnis und dem uneingeschränkten Freispruch von allen Anklagen, die gegen ihn erhoben worden waren, darunter auch der, der Auftraggeber unserer Entführung gewesen zu sein, hatte Rahmatullah Hanefi wieder die Leitung des Krankenhauses von Emergency in Laschkargah übernommen. Inzwischen hat er diese Aufgabe jedoch abgegeben und ist nach Europa gekommen. Die Menschen, die im Tausch für unsere Befreiung freigelassen wurden, sind im Kampf gefallen oder längst wieder festgenommen worden. Auch der Drahtzieher unserer Entführung, Mullah Dadullah, ist inzwischen tot. Der Mann, den wir hätten interviewen sollen, hat mit unserem Leben gespielt, um die Machtverhältnisse innerhalb der Obersten Shura zu seinen Gunsten zu verschieben.

Viele halten diese Episode einfach für eine scheußliche und blutige Geschichte. Ich ziehe es vor, sie als eine Erfahrung zu betrachten, die mir das Innerste meiner Seele geöffnet und mich gestärkt hat. In meinen Beziehungen, in den kleinen alltäglichen Dingen, im Verständnis der menschlichen Grundwerte. In meinem Beruf. Diese Geschichte einzig und allein meinen Erinnerungen und den Gespenstern zu überlassen, die mich über lange Zeit verfolgt haben, wäre egoistisch gewesen. Vor allem gegenüber meinen beiden Mitarbeitern. Sie hätten gewollt, dass ich unsere unglaubliche Geschichte der Welt erzähle. Das war ich ihnen schuldig.

Nach zwei Jahren löse ich dieses Versprechen jetzt ein.

Rom, August 2009